AF359077

EXTRAIT

DU

CATALOGUE GÉNÉRAL

DE LA

LIBRAIRIE DENTU

PARIS

78 — BOULEVARD SAINT-MICHEL — 78

—

1897

Nota. — Les astérisques placés devant chaque titre de volume indiquent les volumes épuisés ou en réimpression.

Les chiffres placés à la droite des prix sont des numéros d'ordre.

a

TABLE ALPHABÉTIQUE

PAR NOMS D'AUTEURS

A

Librairie DENTU, Paris

AVIS

On expédie *franco* dans toute la France et, à l'Étranger dans tous les pays faisant partie de l'*Union postale*, sans augmentation de prix.

Toutes les demandes doivent être accompagnées du montant en un mandat sur la poste, ou en une valeur sur Paris ou en timbres-poste français.

La Poste ne répondant pas des paquets qui lui sont confiés, ces paquets voyagent aux risques et périls du destinataire. Si l'on veut être sûr de les recevoir, il faut ajouter 25 centimes par paquet pour qu'il soit recommandé.

Librairie DENTU, Paris

DERNIÈRES NOUVEAUTÉS

Gérard de Beau-regard..........	Petit Manuel de la femme supérieure	2 »
Dubut de Laforest	Amours de jadis et d'aujourd'hui, in-18 ill.....................	3 50
D'Esparbès........	Les derniers lys....................	3 50
Art. Roë	Papa Félix, petit in-8° ill....	3 »
V. Tissot..........	Un lys dans la neige, petit in-8° ill..	3 »
X. de Montépin...	La joueuse d'orgue, 4 vol. in-18....	12 »
P. Decourcelle. ..	La buveuse de larmes, in-18........	3 50
—	Crime de femme, in-18.............	3 50
F. Champsaur....	Pierrot et sa conscience, in-16 ill...	3 50
Charles Mérouvel.	La Rose des halles, in-18 j.........	1 »
—	Cœur d'or, in-18 j..................	1 »
—	Fièvre d'or, 2 vol. in-18...........	7 »
D. de Laforest....	Angéla Bouchaud, in-18 j..........	3 50
Lissagaray	Histoire de la commune 1871, in-18 j.	3 50
Channebot........	Le pouvoir temporel et la maison de Savoie, in-18 j..............	2 50
Sar Peladan......	Le prochain conclave, in-18 j.	3 50
I. de St-Amand...	Louis Napoléon et Mlle de Montijo... in-18 j...........................	3 0
—	Les débuts du second empire........	3 50
C. Lemonnier.....	L'Ile vierge, in-18 j. ill.............	3 50
Oscar Méténier...	Andrée, in-18 j.....................	3 50
Charles Vincent..	Crime vivant, in-18 j...............	3 50
Un prêtre.........	Le Cri de la chair, in-18 j..........	3 50
Albert Bataille ...	Causes criminelles et mondaines, 1896.	3 50

Librairie DENTU, Paris

Paris. — Imp. Paul DUPONT, 4, rue du Bouloi. — 16.7.97.

Quatrième Série.

— Le Chasseur d'Abeilles .
. . . . 3 »
— Le Cœur de pierre. . 3 »

Cinquième Série.

— Les Guaranis . . . . 3 »
— Le Montonéro . . . . 3 »
— Zeno Cabral . . . . . 3 »

Sixième Série.

—Cornélio d'Armor. 2 vol. 6 »
I. L'Etudiant en Théolo-
gie.
II. L'Homme Tigre.
— Les Coupeurs de routes.
2 vol. . . . . 6 »
I. El Platero de Urès.
II. Une vengeance de
Peau-Rouge.

Septième Série.

— Les Gambucinos. . . 3 »
— Sacramenta . . . . . 3 »

Huitième Série.

— La Mas-Horca . . . . 3 »
— Rosas . . . . 3 »

Neuvième Série.

— Les Aventuriers . . . 3 »
— Les Bohèmes de la
Mer . . . . 3 »
— La Castille d'or . . . 3 »
— Le Forestier. . . . . 3 »
— Les Titans de la Mer. 3 »
— Les Rois de l'Océan,
2 vol. . . . . 6 »
I. L'Olonnais.
II. Vent-en-Panne.
— Ourson Tête-de-Fer . 3 »

Dixième série.

— Le Chasseur de Rats.
2 vol. . . . . »
I. L'Œil-Gris.
II. Le Commandant Delgrès.

Ouvrages divers.

— Cardenio. . . . . . . 3 »
— Les Bisons blancs . . 3 »
— Brésil nouveau . . . 3 »
— La Main ferme. . . . 3 »
— L'Eau qui court . . . 3 »
— Les Nuits mexicaines. 3 »
— L'Oiseau noir . . . . 3 »
— Les Peaux Rouges de Paris.
3 vol. . . . . 9 »
— Les Vaudoux. . . . . 3 »
— Le Roi des placers d'or.
. . . . 3 »
Le même, illustré. In-8°. 6 »
— Le Rancho du Pont-de-Lia-
nes. . . . . 3 »
— Le Rastréador. 2 vol. 6 »
— Trouveur de sentiers. 3 »
— Les Invisibles de Paris.
5 vol. . . . . 15 »
I. Les Compagnons de la Lune.
II. Passe-Partout.
III. Le Comte de Warrens.
IV. La Cigale.
V. Hermosa.
— Aventures de Michel Hart-
mann. 2 vol . . . . . 6 »
I. Les Marquards.
II. Le Chien Noir.
— Les Scalpeurs blancs. 2 vol.
. . . . 6 »
I. L'Enigme.
II. Le Sacripant.
— Les Vauriens du Pont-Neuf.
3 vol. . . . . 9 »
I. Le Capitaine d'Aventures.
II. La Vie d'Estoc et de Taille.
III. Diane de Saint-Hyrem.
Tous ces ouvrages existent
cartonnés Brade et sont cotés
en sus du vol. broché, sans
coins 0 90
Avec coins . . . . . 1 »

Ajalbert (J.). En Auvergne.
. . . . 3 50
Albanès-Havard (d'). Voltaire
et Madame du Châtelet. 3 »
Alexandre (Ch.). Madame de
Lamartine . . . . . . 5 »
Alexis (Paul). Le Collage. 0 60
Ambert (Général). Le Pays de
l'honneur 3 50
— Autour de l'Eglise . . 3 50
— L'Héroïsme en soutane.
. . . . 1 50
Amblanc (C. d'). Sydney Rial
. . . . 3 »

Audebert. Roman d'un libre-penseur. . . . . . . 3 »
Aubert (A). Nouvelles normandes . . . . 2 »
Aubeuf (J). Cri de guerre 3 50
Audouard (O.).
*Comment aiment les hommes . . . . 3 »
— Guerre aux hommes. 3 »
— L'Homme de 40 ans . 3 »
— Le Secret de la belle-mère 3 50
— L'Orient et ses peuplades . . . . 5 »
— Roses sanglantes. 1 v. 3 »
— Voyage au pays des Boyards . . . . 4 »
Augu (Henri). Un bandit amoureux . . . . 3 »
— Les Amours au sérail. 2 vol. . . . . 6 »
Auriac (E. d'). D'Artagnan. . . . . 1 »
— Histoire anecdotique de l'industrie française . . . 3 »
Avenel (Paul). Les Etudiants de Paris . . . . 1 »

B

Badaud. Coup d'œil sur les thaumaturges. . . . 5 »
Balley (Berthe). Histoire d'une chemise. . . . . . . 3 »
— Le Bambou. 12 fascicules col. C° ill. Le fascicule . . 2 50
J. Barbey d'Aurevilly. Gœthe et Diderot. 3 50
— Les Diaboliques . . . 3 50
Barbier (Auguste). Iambes et Poèmes. 3 50
— Chez les Poètes . . . 3 50
— Satires et Chants . . 3 50
— Silves et Rimes légères. 3 50
— Histoires de voyages. 3 50
— Trois Passions. . . . 3 50
— Contes du soir. . . . 3 50
— Souvenirs personnels et Silhouettes contemporaines. 3 50
— Tablettes d'Umbrano . 3 50
Bardet (G.). Plages du Nord et de la Normandie . . . 4 »

Barghon (de). Mémoire de Madame Elisabeth. . . . 4 »
Barrué (P.). La Vocation d'Antoine 3 50
Barthelémy. Armorial de la noblesse de France d'Hozier . . . . 8 »
Barthélemy et Brinn'-Gaubast (De). La Tétralogie de Wagner. (*Voir Wagner*). . 6 »
— Les Maîtres chanteurs. 4 »
Bataille (A.). Causes criminelles et mondaines. Années 1880, 1881, 1882, 1883, 1884, 1885, 1886, 1887, 1888, 1889, 1890, 1891, 1892, 1893, 1894, 1895 et 1896. 17 vol. à . 3 50
Baudelaire (Charles). Notes sur la Belgique. 1 vol. . . 5 »
Baudry. La Fin du monde 3 »
Baudry de Saunier. Le Débutant 2 50
Bazin (L'Abbé). Le grand schisme en France. 3 50
Beaumarchais. Théâtre. 1 »
Beaume (Georges). Sous la robe 3 50
— Lirette. 3 50
— Le Péché 3 50
— La Proie. 0 60
Beaumont (Ch.). Le Cahier de Marcel 0 60
Beaussire-Seyssel (P. de). Un Mariage parisien. . . 3 »
Beauvoir (Roger de). Les Disparus. . . . . 5 »
Béchamp (Dr). Microzymas et Microbes 3 50
Béchard (Fr.). — Les Deux Lucien . . . . 3 »
Becque (Henri). Querelles littéraires 3 50
Bellemare. Spirites et Chrétiens. 3 50
Belleval (Marquis de). La Main rouge. 3 50
Belliol. Conseils aux hommes affaiblis . . . . . . 7 »
Bélon (Paul). Gendelettre 3 50
Belot (Adolphe). Adulter. 3 50
— Une affolée d'amour . 0 60
— Alphonsine . . . . . 1 »
— L'Article 47. . . . . 3 50
*Les Baigneuses de Trouville.
— Bon Ami. 3 50
— La Bouche de Madame X***. 3 50
— Les Boutons de rose. 3 50

* Le Chantage. 3 50
— Les Cravates blanches. 3 50
— Chère Adorée . . . . 1 »
— Cinq cents femmes pour un homme (G. A.) . . . . 1 »
— Courtisane. 0 60
— Dacolard et Lubin. . 3 50
* Deux femmes 3 50
— Les Etrangleurs . . . 1 »
— La Femme de feu . . 3 50
— La Femme de glace . 1 »
— Une femme du monde à Saint-Lazare . . . . 1 »
— La Fièvre de l'inconnu. 3 50
* Fleur de Crime. 2 vol. 7 »
— Folies de jeunesse. . 0 60
* Les Fugitifs de Vienne. 3 50
— La Grande Florine. . 1 »
— Hélène et Mathilde. . 3 50
— Une Joueuse. 3 50
— Une Lune de Miel à Monte-Carlo. . . . . 5 »
* Une Maison centrale de femmes. 3 50
— Madame Vitel et Mademoiselle Lelièvre. 3 50
— Mademoiselle Giraud, ma femme. 3 50
— Mélinite 3 50
— Les Mystères mondains. 3 50
— Le Parricide. 3 50
— P'tit homme. 3 50
— La Petite Couleuvre . 0 60
* Le Pigeon. 3 50
— La Princesse Sophia. 3 50
— Reine de beauté. . . 3 50
* Le Roi des grecs. 2 v. 7 »
— Le Secret terrible . . 3 50
— La Sultane parisienne. 3 50
— La Tête du ponte . . 3 50
* La Vénus noire. . . . 3 50
* La Vénus de Gordes . 3 50
Belz de Villas. Mémoires d'un lit 3 50
— Montferrat. 3 50
Beretta (C.). L'ouvrier sans travail. . . . . 1 »
Bergerat (Emile). L'Amour en République. . . . . . 6 »
— Premier Baiser . . . 1 »
Bernard et Marchal. Cinq cents dictées élémentaires. . 1 »
Bernard. Résumés chronologiques de l'histoire des Français.
— Cours élémentaire . . 0 70
— Cours moyen. 0 75

— Cours supérieur . . . 1 »
— Résumé chronologique de l'histoire des anciens peuples de l'Orient 0 60
— Résumé chronologique de l'histoire des Romains. 0 60
— Résumé chronologique de l'histoire des Grecs. . 0 60
— Chronologie générale de l'histoire ancienne, du moyen âge et des temps modernes. 2 75
— Résumé chronologique de l'histoire du moyen âge et des temps modernes . 3 90
— Tableaux synoptiques de l'histoire générale du moyen âge et des temps modernes 0 70
— Tableaux synoptiques annexés au cours supérieur de l'histoire des Français depuis les origines jusqu'à nos jours à l'usage des écoles primaires 0 40
— Collection des cartes murales historiques, 36 à 5 »
Bernay (Berthe). La Danse au théâtre . . . . 5 »
Berthet (Elie). Richard le Fauconnier. . . . . 1 »
— Le Crime de Pierrefitte. 1 »
— La Sœur du Curé . . 1 »
— L'Œil de Diamant. . 1 »
— Le Martyre de la Boscotte. 0 60
* L'Herboriste Nicias . . 3 »
— Les Mondes inconnus. 4 »
— La Maison du Malheur. 3 »
— Le Charlatan. 0 60
— Sœur Julie. 0 60
— Le Garde Champêtre. 3 50
Berthezène (Alf.). Le Jeu. 0 50
Bertol-Graivil. Victime. 1 v. 0 60
Bescherelle jeune. L'Art de la correspondance. 2 vol. 6 »
— Le Véritable Manuel des conjugaisons . . . . 4 »
Beugnot (comte). Mémoires . . . . 10 »
Beyle (Henri). Lucien Leuwen. 3 50
Beyssen (Louis). Un Amour platonique. 1 pl. in-32 . 1 »
Bias (C.) La Faustine. . 3 50
Bignon. Souvenirs d'un Diplomate (la Pologne). . . 3 50

Librairie DENTU, Paris

Bigot (Léon). Follement aimée 3 50
— Pour pleurer et pour rire. 3 50
Biston. Berryer et la Magistrature française. . . . . 1 »
R. Bittard des Portes. Histoire de l'armée de Condé. in-8 7 50
Blaise. OEuvres inédites de Lamennais. 2 vol . . . . 14 »
Blaize (J.). Amour de Miss. 3 50
— Les Planches 0 60
— La Paix du cœur. . . 3 50
Blanc (L.). Questions d'aujourd'hui et de demain. 5 vol. à 3 50
Bloy (L.). Sueur de Sang, ill. 3 50
Boccace. Contes . . . . 1 »
Boileau (Lucien). Voyage pratique d'un touriste en Espagne. 3 50
Bois (G.). Les Premières Feuilles . . . . 3 »
— Les Damnées, ill. . . 30 »
— La Prière du Saltimbanque 0 50
— Précoce 3 50
— Son gendre 3 50
— M. le Vicaire. . . . 3 50
Bois (Maurice). Sur la Loire. . . . . 6 »
Bois (Comte A. du). Amours antiques. 1 vol. illustré. 3 »
Boisgobey (F. du). La Peau d'un autre. 2 vol . . . 2 »
— Une affaire mystérieuse. 0 60
— L'Auberge de la Noble-Rose. . . . . 1 »
— L'affaire Matapan. 2 vol. . . . . 7 »
— L'As de cœur. 2 vol. 7 »
— La Bande rouge. 2 vol. . . . . 7 »
— La Belle Geôlière. 2 vol. . . . . 7 »
— Bouche Cousue. 2 vol. 7 »
— Les Cachettes de Marie-Rose. 2 vol . . . . . 7 »
— La Chasse aux ancêtres 3 50
— Le Chevalier Casse-Cou. 2 vol. . . . . 7 »
— Le Cochon d'or. 2 vol. 7 »
— Les Collets noirs. 2 v. 7 »
— Le Coup de pouce. . 3 50

— Le Cri du sang. 2 vol. . . . . 7 »
— Le Demi-Monde sous la Terreur. 2 vol . . . . . 7 »
— Les Deux Merles de Monsieur de Saint-Mars. 2 vol. . . . . 7 »
— L'Epingle rose. 3 vol. 10 50
— L'Equipage du diable 2 vol. . . . . 7 »
— Les Gredins. 2 vol. . 7 »
— La Jambe noire. 2 vol. 7 »
— Jean Coupe-en-Deux . 3 50
— Le Mari de la diva. . 3 50
— Mérindol. 3 50
— Les Mystères du nouveau Paris. 3 vol. 10 50
— Le Pignon maudit. 2 v. à 0 60
★ L'OEil de chat. 2 vol. 7 »
— Où est Zénobie ? 2 vol. 7 »
— Le Secret de Berthe. 2 vol. . . . . 7 »
— Les Suites d'un duel. 3 50
— La Tresse Blonde . . 3 50
— La Vieillesse de M. Lecocq. 2 vol . . . . . . 7 »
Bonnet Batisto. Vie d'enfant. 3 50
Boissière (de). Héritage de Kernigou. 1 v. in-18 j. . 3 50
Boissy (Marquis de). Mémoires. 2 vol. . . . . 10 »
Bonaventure des Périers. Contes et joyeux devis. . 1 »
Bonhomme (Honoré). Louis XV et sa famille 3 50
— Haltes et Récits . . . 3 50
— OEuvres posthumes de Piron. 3 50
Bonnal (Ed.). Manuel et son temps. . . . . 7 »
— Carnot. 7 50
Bonnamour (Georges). Le Trimardeur 3 50
— Trois Hommes. . . . 3 50
— La Misère humaine. 1 vol. in-18 j 3 50
Bonnassies (J.). Les Spectacles forains et la Comédie-Française. . . . . 4 »
Bonnefon (J. de). Le Pape de demain. 3 50
— La Politique d'un saint 3 50
Bonneau (Al.). La Crémation et ses bienfaits. . . . 3 »
Bonnet. Manuel du Capitaliste. . . . . 6 »

Camo (général). L'Armée de la Loire. . . . . 1 »
Camors (R. de) et **Cœur** (P.).
— Le Complice. 3 50
Canis. Les Massacres en Irlande. . . . . 3 »
Cardoze (L.). Vercingétorix. . . . . 1 »
Carette (Mme). Passion . » 60
Carlier (F.). Les Deux Prostitutions, in-8°. . . . 10 »
— Le même, in-18 . . . 3 50
Casse (Baron du). Souvenirs de Saint-Cyr . . . . . 3 »
— Supplément à la correspondance de Napoléon Ier. 3 50
— Les Animaux intelligents. 3 50
— Le Mameluck tunisien 1 »
— Le 4e Mousquetaire. . 3 50
— La Chute des monarchies en France 2 50
Cassot (Cécile). Pourquoi ne le dit-elle pas ? 3 50
Cavailhon (Éd.). Chants d'artiste et chants d'amour 1 »
— Les Chants d'un Gaulois. 3 50
— Artistes et grands seigneurs . . . . 3 »
— Les Courses et les paris. . . . . 3 »
— Les Parisiennes fatales 3 50
— La Fascination magnétique . . . . 3 »
— Les Sportsmen pendant la guerre 3 50
— Les Haras de France, t. I 3 50
— Les Haras de France, t. III . . . . 5 »
Caylus. Contes et Facéties 1 vol. . . . . 1 »
Cazanova. Amours de jeunesse
— L'Amour à Venise . . 1 »
— Aventures d'amour . 1 »
Cazotte Diable amoureux. C^on G^me illustrée . . . . . 2 »
Cervantès. Gitanilla. C^on G^me illustrée . . . . . 2 »
Chabrillat (H.). L'Amour en quinze leçons. . . . 3 50
★ La Filliotte 3 50
★ Friquet 3 50
★ La Petite Belette . . 3 50
Chadourne. Les Cafés-concerts 3 50
— Nos Étudiants . . . . 1 »

— Le Quartier Latin . . 1 »
— Bronzes et Marbres. . 1 »
Chaillé-Long-Bey. Les Trois Prophètes : le Madhi, Gordon, Arabi. . . . . 3 »
Chamisso (de). Pierre Schlémilh (C^on G^me illustr.). 2 »
Champfleury. Les Bourgeois de Molinchard 0 60
— Chien-Caillou. . . . 1 »
— Aventures de Mademoiselle Mariette . . . . 1 »
— L'Usurier Blaizot. . . 1 »
— La Pasquette. 0 60
— Monsieur de Boisdhyver. 0 60
— Les Souffrances du professeur Delteil. 0 60
— Les Vignettes Romantiques. . . . . 50 »
— Henry Monnier. . . 10 »
— La Comédie de l'Apôtre. 3 50
— La Petite Rose. . . 3 »
— Histoire de l'Imagerie populaire . . . . . . 5 »
— Histoire de la Caricature antique. . . . . . . 5 »
— Histoire de la Caricature au moyen âge . . . . 5 »
— Histoire de la Caricature sous la Réforme . . . . 5 »
— Histoire de la Caricature sous la République, l'Empire et la Restauration . . . . 5 »
— Histoire de la Caricature moderne . . . . . . 5 »
— Histoire des Faïences patriotiques sous la Révolution. . . . . 5 »
— Les mêmes, sur hollande. . . . . 10 »
— Musée secret de la Caricature . . . . 5 »
— Tiré sur japon. . . . 20 »
— Souvenirs et portraits de jeunesse 3 50
— Le Secret de M. Ladureau . . . . 3 »
— Pantomimes de Ch. et Gaspard Deburau. . . . 6 »
Champfort et Rivarol. Œuvres choisies . . . . 1 »
Champroux. Le Moyen de vivre longtemps. . . . . 6 »
Champsaur (Félicien). Le Massacre. 3 50
★ Le Cerveau de Paris. 3 50

— Noris 3 50
— Le Petit Jacques. Noel Rambert. 3 50
— Le Prince Zilah . . . 3 50
— Robert Burat. 3 50
— Le Train 17 . . . . . 3 50
— Le Troisième dessous 3 50
— Un Enlèvement au XVIIIᵉ siècle. . . . . 10 »
— Mademoiselle Cachemire. 0 50
— Pierrille, ill 3 50
— Le même, in-32 . . . 1 »
— La Cigarette. 3 50
— Puyjoli 3 50
Claretie (Léo). Feuilles de route aux Etats-Unis . 3 50
Claudin (G.). Les Caprices de Diomède 0 60
— Les Joyeuses Commères de Paris. . . . . 3 »
— Tarte à la crème. . . 3 »
— Entre minuit et une heure. . . . . 1 »
Clément. Etude financière d'économie sociale. . . . . 7 »
Clésieux (Achille du). Armelle. . . . . 6 »
Coëtlogon (G. de). Les Chenapans . . . . 3 »
— L'Honneur du nom. . 3 »
— Mariages riches . . . 3 »
Cœur (Pierre). Appartement à louer. . . . . 1 »
Colet (Louise). Les Petits Messieurs. . . . . 1 »
— Lettres de Benjamin Constant à Mᵐᵉ Récamier. 1 v. in-8°. 6
— Voyage aux pays lumineux. . . . . 3 »
★ Les derniers Marquis » »
Colombey (Émile). Correspondance de Ninon de Lenclos. . . . . 5 »
— Ruelles et Salons au XVIIIᵉ siècle. 2 vol. . . . . . 7 »
★ Aventures de Babolin 3 50
— Les Antichambres de Paris . . . . 1 »
Collas (Louis). Les Drames du Gange . . . . 3 »
— Le fils du garde-chasse 0 60
— Une haine de femme. 3 »
— Le Juge de paix. . . 3 »
— Le Secret de Juana . 3 »
Constant (Benj.). Adolphe 1 »

Constantin. L'Homme de glace. 1 pl . . . . 2 »
Cool (Delphine de). Peintures sur porcelaine 1 50
— L'Aquarelle, gouache, miniature 1 50
Coppin (Henri). Quatre républiques de l'Amérique du Sud 3 50
Corbin. Etude sur l'organisation militaire. . . . . 3 »
Corroy (M.). Bénédict. . 3 »
— Contes du Marchand de sable. . . . . 3 »
Corthay. Le Livre de conserves. . . . . 20 »
Corvin (Pierre de). Le Fauteuil fatal, ill. . . . . . 8 »
Couly. L'Exil du Dante. 5 »
Coupey (Auguste). Marielle. . . . . 1 »
Courier (P.-L.). L'Ane d'or. Daphnis et Chloé . . . 1 »
Couturier. Le Manuscrit de l'Abbé N. 1 vol. . . . 3 »
Crawford (Marion). Le Docteur Claudius. 3 50
— Monsieur Isaacs . . . 3 50
— Le Comte Skariatine . 3 50
— Un Chanteur romain. 3 50
— Un Politicien américain. . . . . : . 3 50
— Khaled. 3 50
— La Paroisse isolée . . 3 50
— La Marchesa Carantoni 3 50
— Avec les Immortels . 3 50
— Le Crucifix de Marzio 3 50
— Paul Patoff. 2 vol . . 7 »
Creissels (Auguste). Les Tendresses viriles. . . . . 3 »
Crémieux (G.). Œuvres posthumes. . . . . 3 »
Crisafulli (H). Les Amants d'Hélène 3 50
Cunéo d'Ornano. Les Associations religieuses et le fisc. 1 50

D

Daigné. Comédies indépendantes 3 50
Dallem (Paul). Marcelle Ternié. 3 50

— Hygiène des pieds, des mains, de la poitrine et de la taille. . . . . 3 »
— Hygiène des baigneurs. . . . . 3 »
— Hygiène et physiologie des cinq sens. . . . . . . 2 »
— Hygiène et physiologie de l'amour. . . . . 3 »
— Hygiène spéciale de la digestion. . . . . 3 »
— Hygiène appliquée aux mois et aux saisons. . . . . 3 »
— Physiologie descriptive des trente beautés de la femme . . . . 3 »
cartonné . . . . 4 »
— La Vénus féconde et callipyge . . . . 3 »
— Les Parfums et les Fleurs . . . . 3 »
— Nouveau Manuel du parfumeur chimiste . . . . 3 »
— Physiologie des facultés intellectuelles. . . . . 3 »
— Les Mystères du sommeil et du magnétisme. . . . 3 »
— Histoire des sciences occultes. . . . . 3 »
— Laïs de Corinthe. . . 3 »
— Les Nuits Corinthiennes. . . . . 3 »
— Le Soir de la vie . . 3 »
— L'Univers . . . . . 3 »
— Odyssée d'un enfant adultérin . . . . 3 »
Debidour. L'Impératrice Théodora. . . . . 2 »
Debureau. Pantomimes. (III). . . . . 6 »
Debury (Roger). Un Pays de célibataires et de fils uniques 1 vol. in-18 j. 3 50
Decourcelle (P.). Le Crime d'une sainte. 3 50
— Les Deux gosses. 2 vol. in-18 jésus . . . . 7 »
— I. La Mendiante d'Amour 3 50
— II. Brune et Blonde . 3 50
— La Buveuse de Larmes. 1 v. 3 50
— Crime de femme. 1 v. 3 50
— La Chambre d'amour. 3 50
Delaage (H.). Perfectionnement physique de la race humaine 3 50
— La Science du vrai. . 3 »

Delaclos. Les liaisons dangereuses . . . . 1 »
Delafosse (D.). Hommes et choses 3 50
— A travers la politique 3 50
Delair (Paul). Silhouettes du Palais . . . . 1 »
Delaunay (Emile). Zhora 3 »
Delatheuratte. Lettres sur les Armoiries. 1 v. in-18 j. 2 »
Delvallée. Autour du lit 3 »
Delvau. Les Lions du jour. 1 v. in-18 j. . . . . . 3 »
Deléage (Paul). — Haïti en 1886 . . . . 4 »
Delorme. Francesca . . 6 »
Delpit (Albert). La Famille Cavalié. 2 vol. . . . . . 7 »
— Jean-Nu-Pieds, 2 vol. 7 »
— Les Mystères du Bas-Meudon. 3 50
★ Les Compagnons du roi 3 50
★ **Demesse** (H.). Les Mères rivales. 3 50
— Le Testament volé. . 3 50
— L'Albinos 3 50
— L'Affaire Lebel. . . . 3 50
— La Petite Dufresnoy . » 60
Denay (L.) et **Tassin**. La Revanche fantastique. 2 »
Depret (Louis). Trois Amours . . . . 1 »
— Un coup d'éventail. . 1 »
— Deux Cœurs sensibles 0 60
Déroulède. Désarmement 0 60
Deraismes (Mme). Les Droits de l'enfant . . . . . 2 »
— Epidémie naturaliste. 2 »
Desarbres (Nerée). 2 siècles à l'Opéra. . . . . . . 3 »
Descaves (L.). Une vieille rate 0 60
Descamps (Chevalier). Africa 3 50
Deschaumes (Edm.) Le Mal du Théâtre 3 50
Deschaumes (Ed.) et **Dubut de Laforest**. Le Grappin. 3 50
Deslys (Charles). Les Dix-sept ans de Marthe . . . . 1 »
— La Fille à Jacques. . 1 »
— Fanfan la Tulipe. . . 1 »
— Les Compères du Roi 0 60
— Les Bottes vernies de Cendrillon . . . . 1 »
— L'Oncle Antoine. . . 1 »
— Belle de Mai. 3 50
— Le Capitaine Minuit . 3 50

— La Dot d'Irène. . . . 3 50
— Les Enfants trouvés de Paris. 3 50
— Mimie. 3 50
— Miss Eva 3 50
— La Revanche de Marguerite. 3 50
— Le Serment de Madeleine. 3 50
— Sœur Louise. 3 50
Desmaze (Ch.). Les Criminels et leurs grâces. 3 50
— Le Régiment de Picardie. 3 50
— La Magistrature française. 3 50
— La Sainte-Chapelle. . 5 »
Desnoiresterres. Les Cours galantes, 4 v. chacun. . 3 »
Desnoyers (L.). Jeunes Filles et Jeunes Femmes . . . 1 »
Desprez. (A.). La Femme esclave, courtisane et reine. 3 50
Détré (E.). Au coin du feu 3 50
— Voyage en Suisse . . 3 50
Deulin (C.). Contes d'un buveur de bière. . . . . 3 »
— Contes du roi Gambrinus. . . . . 3 »
— Histoire de petite ville 3 »
Deville. Une Aventure sur la mer Rouge. 3 50
Deyeux. Le Vieux Chasseur. . . . . 1 »
Dickens (Ch.). Le crime de Jasper. 2 vol. . . . . . 2 »
— Le Grillon du foyer (Con Gme, ill.) . . . . . . 2 »
Diderot. Contes, Nouvelles et Mélanges. . . . . . 1 »
— La Religieuse. . . . 1 »
— La Religieuse (Con Gme, ill.) . . . . 2 »
Didon (le Père). Indissolubilité du divorce . . . . . 3 »
Diguet (Ch.). Mémoires d'un Fusil. . . . . . . 3 »
— La Chasse au marais 3 50
— Tablettes d'un Chasseur. . . . . 3 »
— La Chasse au Gabon. 1 »
— La Vie rustique, 2 v. 7 »
— Les Amours de la Duchesse . . . . 1 »
— La Vierge aux cheveux d'or 0 60

— Histoire galante de Henri IV . . . . 1 »
★ Contes du Moulin-Joli. 3 »
— L'Année cynégétique. 1 50
— Secret d'alcôve . . . 0 60
Dharmoye. La femme du ministre. 1 vol. in-18 j. 3 57
Domenech. Histoire de la campagne de 1870-71. . . 3 50
Dorigny. La Bouche humaine. . . . . 3 »
Drack (M.). La Goutte de sang. . . . . 3 »
— Madame Lise 0 60
— Trinqueballe. . . . . 3 »
Drumont (Ed.). La dernière bataille. . . . . . , . . 3 50
— Le Testament d'un antisémite 3 50
Dubard (M.). La Vie en Chine et au Japon . . . . . 4 »
Dubarry (A.). La Jolie Cabotine. 3 50
— Le Prêtre dans la Maison. 3 50
— Délire des sens.. . . 3 50
Duboc. Le Point faible de l'Angleterre . . . . . . 1 »
Dubois (Urb.). Nouvelle Cuisine bourgeoise 3 50
— Ecole des Cuisinières 6 »
cart. . . . . 7 »
— La Cuisine de tous les pays . . . . 12 »
relié . . . . 17 »
— La Cuisine classique. 2 vol. . . . . 35 »
relié. . . . . 45 »
— Le Grand Livre des Pâtissiers et des Confiseurs. 2 v. . . . . 20 »
relié . . . . 25 »
— La Cuisine artistique. 2 vol. . . . . 25 »
relié . . . . , . . . 35 »
— La Cuisine d'aujourd'hui. . . . . 12 »
relié. . . . . 17 »
— La Pâtisserie d'aujourd'hui. . . . . 10 »
relié. . . . . 15 »
Dubut de Laforest. Angéla Bouchaud. 1 v. in-18 j. 3 50
— Belle Maman. 3 50
— La Baronne Emma. . 0 60
— La Bonne à tout faire 3 50
— Le Cocu imaginaire ill. 3 50
— Le Cornac. 3 50

— Vierges et repenties (Messidor). . . , ... 3 50
— Amours de jadis et d'aujourd'hui, ill. 3 50
— Contes pour les Baigneuses, illustré. 3 50
— La Haute-Bande . . . 3 50
— Les Dévorants de Paris. 3 50
— Les Dames de Lamète. 0 60
— Les Petites Rastas, ill. 3 50
— L'Abandonné. . . . 3 50
— Contes pour les hommes, ill. 3 50
— L'espion Gismarck. . 3 50
— L'Homme de joie. . . 3 50
— Documents humains. 3 50
— Mademoiselle Tantale 0 60
— Mademoiselle de Marbœuf. 3 50
— Mademoiselle de T. . 3 50
— Le Commis voyageur 3 50
— Le Grappin. 3 50
— Contes à la Lune, ill. 3 50
— Colette et Renée. . . 3 50
— Morphine. 3 50
— La Femme d'affaires 3 50
— Contes à Panurge, ill. 3 50
Dubut de Laforest et Edmond **Deschaumes.** Le Grappin. 3 50
Duclos. Confessions d'un roué . . . . 1 »
Duc de D. La Fée mignonnette. . . . . 2 »
Ducret (E.). Paris-Canaille 3 50
Ducrot (Général). La Défense de Paris, 4 vol. . . . 40 »
— La Journée de Sedan 2 »
—   — in-8° 3 »
Dufour et Armand. Les Agents des chemins de fer et l'industrie privée . . . . 1 »
Dufour (G.). Les Beaux-Arts dans la politique. . . 3 »
Dugué (F.). Epaves . . . 3 »
— Satires . . . . 2 »
— Le Donjon des étangs 3 50
Du Mersan. Chansons nationales et populaires. . 2 »
Dumonteil (F.). Les 7 Femmes du colonel d'Arlot. . . 3 »
— Cages et Volières . . 3 50
— Contes jaunes . . . . 3 »
— Plantes étranges. . . 3 50
Dunglas Home (D.). La Lumière

et les Ombres du spiritualisme. . . . . 5 »
Duparc et Cochin. Expulsion des congrégations. . . 3 50
Dupont (L.). Tours et Bordeaux 3 50
— Souvenirs de Versailles pendant la Commune. . . 3 50
★ La Comédie républicaine. 3 50
— Madame Desgrieux . 3 »
— De Paris aux Montagnes. . . . . 3 »
Duranty. Les Séductions du chevalier de Navony . 3 »
Duval (G.). Un amour sous la Révolution . . . . . . 3 »
— Histoire de la littérature révolutionnaire. . . . 3 50
— L'Homme à la plume noire. . . . . 3 »
— Miracle de l'abbé Dulac. . . . . 3 »
Du Verger de Saint-Thomas. Nouveau Code du duel 6 »

E

Ely-Star. Les Mystères de l'horoscope. 3 50
L'Art de lire dans la main. 1 vol. 0 60
— L'Astrologie, ou l'art de lire dans l'avenir. . . . 0 60
Enault (Et.). L'Amour à vingt ans. . . . . 3 »
★ Comment on aime . . 3 »
— Le dernier Amour. . 3 »
— Diane Kerdoval . . . 3 »
— Gabrielle de Célestange. . . . . 1 »
— Histoire d'une conscience. 0 60
— Danielle. . . . . . . 1 »
— Les Drames de la jeunesse. . . . . 1 »
— Le Roman d'une Altesse. . . . . 1 »
Enault (E. et L. Judicis. Le Vagabond. . . . . . . 1 »
— L'Homme de Minuit . 1 »
Ernst. Souvenirs du passé. 2 v. in-8°. . . . . 10 »
Escoffier (H.). Le Mercier de Lyon. . . . . 1 »
— Le Collier maudit. . 1 »

Fiévée (I.). La Dot de Suzette. . . . . 1 »
Flers (Marquis de). Le roi Louis-Philippe. Vie anecdotique, ill. . . . . . 10 »
Flourens (E.). Alexandre III. in-8° ill. . . . . . . 10 »
Fontenelles (l'abbé des). Le Clergé français. . . . 3 50
Fonvielle (W. de). Les Miracles devant la science 1 »
Fortunat. Lyres et clairons. 1 vol. in-18 jés . . . . 3 »
Fortunio. Le Roman d'un prince russe. . . . . 3 »
— La Vierge de Bélem. 3 »
Fossey (M. de). Le Mexique. . . . . 5 »
Foucaux (Ph.-E.). Sakountala (Con Gme, ill.). . . . . 2 »
Fourdinier (Jules). Les Principes de la politique. 2 »
Fournel (Victor). Ce qu'on voit dans les rues de Paris. 3 50
— Tableau du vieux Paris. Les Spectacles pop. . 3 50
Fournier (E.). L'Art de la reliure. . . . . 5 »
— Le Vieux-Neuf. 3 v. 15 »
— Histoire des enseignes de Paris. . . . . 10 »
— Histoire du Pont-Neuf. 2 vol. . . . . 6 »
— Chroniques et Légendes des rues de Paris. . . . 5 »
— Enigmes des rues de Paris . . . . 5 »
— L'Esprit dans l'Histoire. . . . . 5 »
— L'Esprit des autres.. 5 »
— Les Jeux et les Jouets. 5 »
— Le Mystère de Robert le Diable 3 50
— Paris Capitale. . . . 3 50
— Paris démoli. . . . . 5 »
— Promenade historique dans Paris. . . . . 5 »
— Corneille à la butte Saint-Roch. . . . . . . 1 »
Fournier (Hipp.).★ Les Lendemains de l'amour. . . 3 »
Frémy (Ed). Les Diplomates de la Ligue 3 50
Franc (Christian). A refaire la débâcle. . . . . . . 1 »
— Aux Françaises. 1 plaq. in-18 jés 0 50

— La sécurité nationale et le péril extérieur.. . . . 3 50
France (J.). Abeilles et frelons 3 50
Fresnaux (M.). L'Orient, les Osmanlis. 3 50

G

Gaboriau (Emile). Le Capitaine Coutenceau. 0 60
— L'Affaire Lerouge. . . 3 50
— Les Amours d'une empoisonneuse. 3 50
— L'Argent des autres. 2 vol. . . . . 7 »
— Les Cotillons célèbres. 2 vol. . . . . 7 »
— Les Comédiennes adorées. . . . . 1 »
— La Corde au cou. . . 3 50
— La Clique dorée. . . 3 50
— Le Crime d'Orcival. . 3 50
— La Dégringolade. 2 v. 7 »
— Le Dossier n° 113. . 3 50
— Les Esclaves de Paris. 2 vol. . . . . 7 »
— Les Gens de bureau. 3 50
— Le 13e Hussards. . . 3 50
— Mariages d'aventure. 3 50
— Monsieur Lecoq. 2 v. 7 »
— Le Petit-Vieux des Batignolles. 3 50
— La Vie infernale. 2 v. 7 »
Gagneur (M.-L.). Le Calvaire des femmes. 2 vol.. . 7 »
— Un Chevalier de sacristie. 3 50
★ Le Crime de l'abbé Maufrac 3 50
— Les Crimes de l'amour 1 »
— La Croisade noire . . 3 50
— Les Droits du mari . 3 50
— Les Forçats du mariage 3 50
— La Fournaise. 3 50
— Le Supplice de l'amant 3 50
★ Le Roman d'un prêtre 3 50
★ La Vengeance du beau vicaire. 3 50
— Une Dévote fin de siècle. 3 50
★ Les Vierges Russes. . 3 50

b.

Godart (F.). Camille Desmoulins. . . . . 2 »
Gœthe. Werther, Hermann et Dorothée . . . . . . 1 »
— Werther (C^{on} G^{mo}, ill.) 2 »
— Hermann et Dorothée (C^{on} G^{mo}, ill.). . . . . . . 2 »
— Faust . . . . 1 »
Gœury-Duvivier (D^r). Traité pratique des maladies des voies urinaires . . . . 2 »
— Maladies des femmes 3 »
Gombervaux (Raoul de). Jeanne d'Arc, in-8° ill.. . . . 2 »
Goncourt (Edmond et Jules de). L'Amour au XVIIIe siècle. sur chine. . . . . . . 25 »
— Sophie Arnould . . . 10 »
— Armande (C^{on} G^{mo}, ill.) 2 »
— La Saint-Huberty . . 8 »
Gonna. La Sœur des Étudiants 3 50
— Ange ou Démon. 1 vol. in-18 jés. 3 50
— Pâquerettes 3 50
Gonzalès (Emmanuel). Les Caravanes de Scaramouche. . . . . 10 »
— Les Chasseurs d'hommes. . . . . 3 »
— Les Danseuses du Caucase. 3 50
— La Vierge de l'Opéra 3 »
— Les Sept Baisers de Buckingham. . . . . 1 »
— Les Mémoires d'un ange. 2 vol. . . . . 2 »
— Les Frères de la Côte 1 »
— Le Vengeur du mari. 1 »
— Les Deux Favorites. 2 vol. . . . . 2 »
— La Sorcière d'Amour. 2 vol. . . . . 2 »
 La Fiancée de la mer 1 »
— L'Hôtesse du Connétable. 1re partie. 0 60
— L'Epée de Suzanne. 2e partie. . . . . 1 »
— Les Amours du Vert-Galant. 3e partie . . . . . . 1 »
— La Servante du Diable 1 »
— Les Gardiennes du Trésor. 0 60
Gonzague-Privat. Joie perdue 3 50
Goudourville (De). Les Salles d'armes d'aujourd'hui, in-8° . . . . 15 »

Gougeard (Général). 2e armée de la Loire. . . . . 2 »
Gouthe-Soulard (Mgr). Mon procès, mes avocats . 3 50
Gramont (Duc de). La France et la Prusse avant la guerre . . . . 6 »
Gramont (Louis de). La Locataire de Madame Biou. 3 50
Grandeffe (A. de). Mobiles et volontaires de la Seine 3 »
Grandfort (Manoel de). Pour être riche. 3 50
Grandpré (P. de). La Prison de Saint-Lazare. 3 50
Granier de Cassagnac. Antiquité des patois . . . . 1 »
— Histoire des Girondins. 2 vol. . . . . . . 14 »
— Récit des événements du 2 décembre. . . . . 1 »
— Souvenirs du Second Empire 3 vol. . . . . . 9 »
Grave (Th. de). Les Drames de l'épée. 0 60
Grécourt. Contes et Chansons. . . . . 1 »
Grenier (A.). A travers l'Antiquité. 1 v. in 18 jés . 3 »
Gresland (J.). Rien, rien, rien ! 3 50
Grilleau (B. de). Les Aérostats dirigeables . . . . . 3 »
Grison (G.). Souvenirs de la Roquette . . . . . 3 »
— 13, rue des Chantres. 3 »
Grosclaude. L'Exposition comique . . . . 1 »
— Les Gaietés de l'année, ill. 2 vol. à 3 50
Guadet (J.) De la Représentation nationale en France. . 3 »
Guéroult (C.). Aventures cavalières. . . . . . . 1 »
— La Bourgeoise d'Anvers 0 60
— Le Juif de Gand. . . 0 60
— Le Luthier de Rotterdam. . . . . 1 »
— La Femme de M. le Duc. 2 vol. . . . . 6 »
Guides Dentu (Voir Bardet et Macquarie) . . . .
Guillemot (M.). Lettres d'un amant 3 50
— Amour et Deuil . . . 3 50
— La Mort de Pierrot, ill. 3 50
Guillot (Ad.). Les Prisons de Paris. 7 50

* Les Courtisanes du monde,
4 vol. . . . . 20 »
— Un Drame aux Champs-Ely-
sées ou l'Eventail brisé.
2 vol. . . . . 7 »
* Histoire étrange d'une fille
du monde.. . . . . . 5 »
— Les Femmes démasquées.
    1re série 3 50
    2e série 3 50
— Lucie, histoire d'une fille
perdue. . . . . 5 »
— Les Légendes de la jeu-
nesse. . . . . 10 »
* Les Princesses de la Ruine.
. . . . 3 50
* La Robe de la mariée. 3 50
* Tragique aventure de bal
masqué. 3 50
— Violenta. 3 50
— Le Violon de Franjolé. 1 »
Houzeau. Guide pratique de
télégraphie. 3 50
— Le Sommeil de Danton.
. . . . 2 »
Hugonnet (Paul). Les Turturel.
illustré. 3 50
— La fin de Pierrot, ill. 1 50
Hunolstein (d').Correspondance
inédite de Marie-Antoinette.
. . . . 8 »

J

Jacolliot (Louis).Voyage au Pays
des Bayadères. . . . 4 »
—Voyage au Pays des Brahmes.
. . . . 4 »
— Voyage au Pays des Elé-
phants. . . . . . . 4 »
— Second Voyage au Pays des
Eléphants. . . . . . 4 »
— Voyage au Pays des Fakirs
charmeurs . . . . . 4 »
— Voyage au Pays du hats-
chisch . . . . 4 »
— Voyage au Pays des Jungles.
. . . . 4 »
— Voyage au Pays des Perles.
. . . . 4 »
— Voyage au Ruines de Gol-
conde. . . . . 4 »
— Voyage au Pays des Palmiers.
. . . . 4 »
— L'Affaire de la rue de la
Banque. 0 60

— Le Capitaine de vaisseau
. . . . 3 50
— Le Père La Fouine. . 0 60
— Un Policier de génie. 0 60
— Mémoires d'un lieutenant
de vaisseau. 3 50
Joel. Don Carlos infant d'Es-
pagne. . . . . 2 »
Jaime (A.). Les Haines de fa-
mille. . . . . 3 »
Janine. Pour la patrie. . 3 50
Janin (J.). La Fin d'un monde
et du neveu de Rameau.
. . . . 3 50
Jannesson. La Chasse. 3 50
Jaubert (E.). La Couleur des
heures. 3 50
Jaubriot. La Comtesse de
Fontenay. . . . . . 3 »
Jean de Paris. Un Conseil par
jour. . . . . 3 »
— L'Art de bien vivre . 3 »
Jeanne sans Terre. Les Petits
plats pas cher (carton). 0 90
— Les Grands plats cher
(cartonné). 0 90
— L'Economie en tout, cart.
. . . . 0 90
Jeneseki. Les Petites filles
d'Eve. . . . . 3 »
Jérusalémy. Kadidja. 1 v.
in-18 jésus. . . . . 3 »
Joinville (de Juliette).Les Vibra-
tions . . . . 2 »
— Un Fils de Famille . 1 »
* A travers le cœur . . 5 »
Jokuy. Rêve et Vie (Con Gme,
ill.). . . . . 2 »
Joliet (Ch.). Ecritures secrètes
dévoilées. . . . . . 1 »
— La Foire aux chagrins. 3 »
— La Novice de Trianon 0 60
— Les Pseudonymes du jour.
. . . . 2 »
* Jeune ménage . . . . 3 »
— Une Reine de petite ville.
. . . . 1 »
— Le Roman de deux jeunes
mariés . . . . 1 »
— Bérengère 0 60
— Fanfinette . . . . . 1 »
— Papiers de famille. . 0 60
— Le Train des maris . 0 60
* Trois hulans . . . . 3 »
Joly. La Rome d'aujourd'hui.
. . . . 3 50
Jollivet (Gaston). Nos petits
grands hommes. . . . 3 50

Lapointe (A.) La Reine du faubourg . . . . 1 »
— Le Roman d'un médecin   0 60
— Mémoires de Valentin.   4 »
— La Princesse. . . . .   3 »
— Les Sept Hommes rouges » 60
★ L'Enjôleuse. . . . . .   3 »
— Les Étoiles filantes .   3 50
— Reine coquette . . .   3 »
Larchey (Lorédan). Dictionnaire d'argot . . . .   5 »
— Supplément au dictionnaire d'argot 3 50
— Nos vieux proverbes.   7 50
Larmandie (de). Reptile.   3 50
Larrey (Baron). Madame Mère 2 vol. . . . .   15 »
Laselve (Edgar). Anna Magua. 2 50
— L'Artilleur de Longwy   2 »
— Une Lorraine. . . . .   3 »
— La Lovetto. . . . . .   2 »
— Le Capitaine Cocoyo.   3 50
— Sous les palmiers d'Algérie . . . .   3 »
Lasserre (Henri). Lettres de Henri Lasserre. In-18.   1 »
— La Vie chrétienne. In-18   3 50
— L'Église inachevée, broc. . . . .   1 »
Laurianne (Duchesse). Pour être aimée. 3 50
— Le Bréviaire de la femme élégante 3 50
Lavalley (G.) Les Compagnons du Vau-de-Vire. . . .   3 »
— Les Drames de la bêtise   3 »
— Les Carrabots . . . .   3 »
Lavaux (Sergent). Mémoires. 3 50
Lavergne (A. de) La Belle Aragonaise. . . . . .   1 »
Lavigne Histoire de l'insurrection royaliste de l'an VII 3 50
Laya (Léopold-Martin). Yvon d'Or. 3 50
Le Barrois d'Orgeval. La Propriété littéraire. . . .   3 »
Le Brun (Général). Bazeilles, Sedan In-18 . . . .   3 50
In-8° . . . .   6 »
— Souvenirs militaires. Mission à Vienne et en Belgique. 7 50
— Souvenirs des guerres de Crimée et d'Italie. . .   3 50

Lefèvre-Pontalis. Les Élections en Belgique. 0 50
— Les Assemblées pleinières en Suisse. 0 50
— La Validation des Élections 0 50
— Les Élections françaises et les Élections anglaises.   0 50
— Les Élections en Angleterre. . . . .   1 »
Le Faure (G.). La Guerre sous l'eau, ill . . . . . .   6 »
— Les Robinsons lunaires, ill. . . . .   6 »
— Cœur de soldat, ill.   6 »
— Exploits de Cabreloche   6 »
— Les 4 ouvrages ci-dessus cartonnés. Chaque . .   9 »
— La Maffia. 3 50
— Au drapeau 0 60
Legrand (Ch.). Mésaventures matrimoniales de Célestin Hirouette. 3 50
Le Mercier (E.). Le Prévôt de Beaumont, prisonnier d'État. . . . .   5 »
Lemercier de Neuville. Arrivé par les femmes. . . .   3 »
— Médard Robinot, casquetier, ill 3 50
Lemonnier (Camille). Le Mort. 0 60
— Contes flamands. . .   0 60
— Un mâle. 0 60
— La Faute de madame Charvet. 3 50
— La Fin des Bourgeois.   3 50
— L'Ironique amour . .   3 50
— Claudine Lamour. . .   3 50
— L'Œuvre de vie. 1 vol. ill. . . . .   6 »
— L'Arche. 3 50
— L'Ile vierge 3 50
Lenglé (P.). Thérèse . .   3 50
Lenôtre. Rédemption. 1 v. ill. (Collection Irid). . . .   3 50
Léouzon-Leduc. La Princesse Gourkoff . . . . . .   3 »
— Midhat Pacha . . . .   5 »
— Les Cours et les Chancelleries 3 50
Lepage (Auguste). Caprice de Marquise. . . . . . .   3 »
— La Dame de l'Ile . .   3 50
— Maître Normand, notaire   » 60
Lepelletier (Edmond). Le Capitaine Ango. . . . .   » 60

M

— Flot et Jusant. . . . 3 50
— L'Ondine de Rhuys . 3 50
— Sauveteur. 3 50
— Le Torpilleur 29 ill. 3 50
Maillard (G). Le Livre de ma sœur Anne. . . . . . 3 »
Maillard (F). Histoire des journaux pendant la Commune. . . . . 3 »
— Les Affiches de la Commune. . . . . . . - 3 »
Maillet (J.). Récits de l'atelier, ill. 3 50
Mainard (L.). Fils de l'Océan, in-8° ill. . . . . 6 »
— Les mille et une Nuits. 3 50
Mainard (L.) et **Marchal** (E.). Carte générale des chemins de fer français. . . . 5 »
Maistre (X. de). Œuvres complètes. . . . . 1 »
Maldague (G.). La Magnétisée. . . . . 3 »
— La Parigote. . . . . 3 »
— Rose Sauvage. . . . 3 »
Malet (Albert). Histoire diplomatique de l'Europe aux xviie et xviiie siècles, 2 vol. . . . . 8 »
Malot (Hector). Un Beau-Frère, illustré. 3 50
— Le Lieutenant Bonnet, illustré, in-8°. . . . . 10 »
— Paulette, illustré. . . 3 50
— Pompon, illustré, in-8° 7 »
— Zyte, illustré 3 50
— Sans Famille. 2 vol. de luxe. . . . . 10 »
— Mondaine, ill. 3 50
— Sang-Bleu, ill 3 50
— Conscience, ill. . . . 3 50
Maquet (A.). La Maison du Baigneur, 2 vol. . . . 2 »
Marc Bayeux. Amours de jeunesse . . . . 3 »
Marchal (Eugène.). Annuaire des chemins de fer. . . . . . .
— 1892 . . . . . 3 50
— 1893 . . . . . 3 50
— 1894 . . . . . 3 50
— 1895 . . . . 5 »
— d° cart. 5 75
Marchal (Eugène) et L. **Mainard**. Carte générale des chemins de fer français. 5 »
Marchal (Eugène) et A. **Bernard**. Cinq cents dictées élémentaires . . . . . . 1 »

Marcil (René). Les Femmes qui pensent et les Femmes qui écrivent . . . . 1 »
Maret (Mgr). La Vérité catholique. . . . . 7 »
Marga. Ame tendre. . . 3 50
Margueritte (Paul). Maison ouverte. 0 60
— L'Avril. (Con Gme ill.) 2 50
— Mon père. 3 50
Marguerite de Valois. Contes de la reine de Navarre 1 »
Marie-Jeanne (Rebouteuse). Les Remèdes de bonne femme 1 vol. cartonné. . . . 0 90
Marin (Paul). Français et Russes 3 50
Marinier et Alix. Plages et Baies bretonnes. . . . 0 50
Marque et Mon (D.). Les Berceuses 3 50
Marriott (B.). Un Parisien au Mexique . . . . . . 3 »
Martel (Comte de). Les Historiens fantaisistes. M. Thiers. 3 vol., chacun . . . . 5 »
Martel (Ulysse). Les Chevaliers du Grattoir. 3 50
Martels (J. de). Les tentations de l'abbé. 0 60
Martin (Louis). Les Evangiles.
— Sans Dieu. — Essai sur la vie de Jésus . . . . . 5 »
Martinet. Offenbach, sa vie, son œuvre . . . . . . 3 »
Martrin Donos (Ch. de). Sceptiques et Jouisseurs. 3 50
Marx (A.). Les Souverains à Paris. . . . . 5 »
— En plein air. . . . 3 50
— Silhouettes de mon temps. 3 50
— Sub Jove 3 50
— Histoires d'une minute 3 »
Mary (J.). L'Aventure d'une fille 3 50
— La Bien aimée. . . . 1 25
— Deux Amours de Thérèse. 3 50
— La Fiancée de Jean-Claude. 0 60
— La Nuit maudite. . . 3 50
Masqueray. Souvenirs et Visions d'Afrique. . . . 3 50
Masson (F.). La Journée de l'Empereur aux Tuileries, in-8° ill. 7 50

Mermeix. Les Antisémites en France. 1 50
Mérouvel (Charles). Amours mondaines 3 50
— Abandonnée, 3 vol. . 3 75
— Angèle Méraud. . . . 3 50
— Les Caprices de Laure 3 50
— Les Derniers Kérandal, 2 vol. . . . . 7 »
— Les Deux Maîtresses.. 3 50
— Le Docteur Mont-Dore 3 50
— Dos à dos. 3 50
— Le Divorce de la comtesse 3 50
— La Fille sans nom. . 3 50
— Fleur de Corse. . . . 0 60
— La Filleule de la Duchesse. 3 50
— Jenny Fayelle 3 50
— L'Honneur ou la Vie. 3 50
— Le Krach. 3 50
— Un Lys au ruisseau, ill. 3 50
— Madame la Marquise. 3 50
— Mademoiselle de la Condamine 3 50
— Femme de chambre.. 3 50
— Mademoiselle Jeanne. 1 25
— La Maîtresse de Monsieur le Ministre. . . . . . . 1 »
— Le Mari de Florentine 3 50
— Le Marquis Gaëtan,.. 1 »
— Mortel Amour.. . . . 3 50
— Le Péché de la Générale 3 50
— La Vertu de l'Abbé Mirande . . . . 1 »
— Le Roi Crésus, 2 vol. 7 »
— Le Roi Milliard. . . . 3 50
— Les Tremor, 2 vol... 7 »
— Une Nuit de Noces. . 3 50
— La Veuve aux cent millions 2 vol. 2 50
— Chaste et flétrie. . . 3 50
— La Comtesse Hélène. 3 50
— La Vierge de la Madeleine. 3 50
— Mortes et Vivantes.. 3 50
— Pour un regard . . . 3 50
—Confession d'un gentilhomme 3 50
— Haine et Amour . . . 3 50
— Diane de Briolles . . 3 50
— Riches et pauvres, 2 v. 7 »
— Rochenoire, 2 vol.. . 7 »
— La Rose des Halles, 1 vol. in-18 j. . . . . 1 »
— Cœur d'or, 1 vol . . . 1 »
— Fièvre d'or, 2 vol. . . 7 »

— Thérèse Valignat, 1 vol. in-18 jés. . . . . 1 »
Méry (G.). Jean Révolte 3 50
Méténier (Oscar). Outre-Rhin. 3 50
— L'Amour qui tue, 2 v. »
— I. Raphaëla.. . . . . 3 50
— II. Andrée. 3 50
— La Nymphomane. . . 3 50
— Outre-Rhin, 1 vol.. . 0 60
— Barbe-Bleue.. . . . . 3 50
— Marcelle. 3 50
Metton de la Perrière. L'Exilé. 3 50
Meunier(V.). Gaietés de science . . . ., 3 50
— Excentricités physiologiques. 3 50
Meunier de la Vallée. La Stabilité gouvernementale 0 75
Michiels. Histoire des idées littéraires au XIXe siècle, 2 vol. in-8o . . . . . . 12 »
Michel (Louise). Les Microbes humains 3 50
— Le Monde nouveau. . 3 50
Mie d'Aghonne. Le Vampire aux yeux bleus. . . . 0 60
— Une Courtisane en sabots. . . . . 1 »
— * Les Amours d'une femme honnête. . . . . . . 3 »
— Amours malsaines.. . 3 50
— La Maudite, 1 vol.. . 0 60
— La Faiseuse d'Anges. 3 50
— La Reine des batailles 0 60
Mignot (A.). Ernest Chevalier et Gustave Flaubert. . 4 »
Millanvoye et Etiévant. Le Petit Bossu. 0 60
Mirabeau. Lettres à Sophie 1 »
Mirepoix. Honoré Martin 3 »
Molière. Œuvres choisies 1 »
— Œuvres complètes (Con Gmo ill.) 12 vol. à . . . . 2 »
Molinari (G. de). Lettres sur la Russie. 3 50
— L'Irlande, le Canada, Jersey 3 50
Monin (Dr). Hygiène et médecine journalière. . . . 3 50
                    cartonné. 4 »
Monnier de la Motte. Femme et Maîtresses. . . . . 3 »
— Une Justice de femme 3 »
— Les Maris entretenus 3 »
Monnier (H.). Scènes populaires, 1 vol. ill.. . . 12 »

Librairie DENTU, Paris

c.

— V. Trois Sœurs.
— La Mayeux, 4 vol. . 12 »
— I. La Mayeux, 2 vol.
II. Le Mari d'Hélène, 2 vol.
— Le Médecin des Folles,
5 vol. . . . . 15 »
— I. II. L'Hôtel du Grand Cerf.
— III. IV. Quatre Femmes.
— V. Paula Baltus.
— La Mendiante de Saint-Sul-
pice, 4 vol. in-18 . . 12 »
— I. II. Sœurs jumelles.
— III. IV. Rose et Marie-Blanche.
— P.-L..M, 6 vol. . . . 18 »
— Les Pantins de Madame le
Diable, 2 vol. . . . . 18 »
— I. Pantins de Mme le Diable,
2 volumes.
— II. Maison des Mystères, 2 v.
— III. Un Drame à la Salpé-
trière, 2 volumes.
— Une Passion 0 60
— Le Parc aux Biches, 2 vol.
. . . . 6 »
— La Porteuse de Pain,
6 vol. . . . . 18 »
— I. II. L'Incendiaire.
— III. IV. Métamorphoses
d'Ovide.
— V. VI. Maman Lison.
— Le Roman d'une Actrice,
2 vol. 2 50
— I. Pamela. 1 25
— II. Madame de Framboisy,
. . . . 1 25
— Le Secret de la Comtesse,
2 vol. . . . . 6 »
— Le Secret du Titan, 2 vol.
. . . . 6 »
— Simone et Marie, 6 vol. 18 »
— I. II. Nuit sanglante.
— III. IV. Œil de chat.
— V. VI. Le Fils.
— Son Altesse l'Amour, 6 vol.
. . . . 18 »
— I. II. La Part des femmes.
— III. IV. Prince Totor.
— V. VI. Le Vitriol.
— La Sorcière rouge, 3 vol.
. . . . 6 »
— Le Testament rouge, 6 vol.
. . . . 18 »
— I. Testament rouge, 2 vol.
— II. Fée des Saules, 2 vol.
— III. La Chasse aux médail-
les, 2 volumes.
— Les Tragédies de Paris,
4 vol. . . . . 12 »

— I. Sage femme.
— II. Une Araignée parisienne.
— III. Valéry-Worms.
— IV. Dinah-Bleuet.
— Le Ventriloque, 3 vol. 9 »
— La Vicomtesse Germaine,
3 vol. (Suite et fin des « Tra-
gédies de Paris » . . . . . 6 »
— Marâtre 6 vol. . . . 18 »
— I. Marâtre, 2 volumes.
— II. Tireuse de cartes, 2 vol.
— III. Fille du Fou, 2 vol.
— Le Mariage de Lascars,
vol. . . . . 12 »
I. Mariage de Lascars, 2 v.
— II. Pirates de la Seine, 2 v.
— Les Tragédies de l'épée,
6 vol. . . . . 18 »
— I. La Magicienne, 2 vol.
— II. Fille du diable, 2 vol.
— III. Reine des Voleurs, 2 v.
— Trois millions de dot, 4 v.
. . . . 12 »
— I. Trois millions de dot, 2 v.
— II. La Dame aux émerau-
des, 2 vol
— La Voyante, 4 vol. . . 12 »
— I. Blanche Vaubaron, 2 vol.
— II. Agence Rodille, 2 vol.
Montet (J.). Le Noir et le Bleu.
. . . . 3 »
Monroy (Richard O'). Coups
d'épingle. . . . . 3 »
Montferrier (Comte de). Les
Ambitieux de Province 3 »
— Madame et Mademoiselle
Verdure. . . . . 3 »
Morel (Henri). Hélène Brunet.
. . . . 3 »
Moret (E.). Confession d'une
jolie femme . . . . . 1 »
— L'Orpheline de Saint-La-
zare . . . . 3 »
Mortier (A.). Les Soirées pa-
risiennes, 11 vol. à . . 3 50
— Soirées de 1876 . . . 5 »
Moussaud (Dr). Maladies des
voies urinaires hommes 3 »
— Maladies des voies urinaires
femmes. . . . . 3 »
Moynier (Louis). Lettres d'un
chien errant, ill. . . . 10 »
Amateur toile . . . . 15 »
1/2 reliure amateur . 18 »
Mulé (A.). La Conne Demoi-
selle . . . . 3 »
Muller (E.). Madame Claude.
. . . . 1 »

Pascal (César). De glacier en glacier. . . . . . . 3 »
Peccadut. Les Catholiques. 3 50
Péladan (Joséphin). Le Vice suprême. 3 50
— L'Art ochlocratique. . 7 »
— L'Initiation sentimentale. 3 50
— Le Prochain Conclave, 1 vol. 3 50
— A cœur perdu. · . . 3 50
— Istar. 3 50
— La Victoire du Mari. 3 50
— Cœur en peine. . . . 3 50
— L'Androgyne 3 50
— La Gynandre. 3 50
— Le Panthée 3 50
— Typhonia 3 50
— Le Salon de la Rose-Croix, 1890 . . . . 1 »
— Le Salon de la Rose-Croix, 1891 . . . . 0 75
Perrault. Contes. (C.G.I.) 2 »
Perceval (V... Un beau mariage. . . . . 3 »
— Berthe Norveaux. . . 2 »
— 10.000 francs de récompense. . . . . 3 »
— La Dot de Geneviève 3 »
— Les Feux de paille.. 1 »
— Les Vivacités de Carmen. . . . . 1 »
— Une Chanoinesse de dix-sept ans . . . . 1 »
— Une Date fatale . . . 3 »
—* La Maîtresse de M. le Duc. . . . . 3 »
— Le Roman d'une Paysanne. . . . . 3 »
— Le Secret du Docteur 3 »
Perret (P.). Histoire d'un honnête homme 0 60
— Monsieur Faust . . . 1 »
— La Belle Renée. . . . 0 60
— Le Droit à l'amour. . 3 50
— Le Saint de bois. . . 0 60
Perrière (Carl des). Jean Politis. . . . . 3 »
Perrière (Netton de la). L'Exilée. 3 50
Pessonnaux. La Prétentaine. 3 50
— La Vie à ciel ouvert. 3 50
Petibon. Le Mariage de la petite Providence . . . 3 50
— Les Originaux à Vichy 3 50
Petit (Edouard). De l'Ecole au

Régiment. (Edition nouvelle.) 3 50
Peyrebrune (G. de). Le Curé d'Anchelles . . . . . 1 »
— Laquelle ? 3 50
— Les Roses d'Arlette. . 0 60
Pharaon (Florian). Le Fusil sur l'épaule . . . . . 3 »
— Madame Maurel . . . 3 »
Picard (Edmond). Scènes de la vie judiciaire. 0 60
Pichon (Docteur). Folies passionnelles. 3 50
Pichot (Amédée). Souvenirs de M. de Talleyrand. . . . 3 50
Pierrefeux (Guy de). L'Episcopat sous le joug . . 3 50
— Dans les couloirs du Vatican. 3 50
— Dans l'Eglise. Dupes et dupeurs, 1 vol. 3 50
— Dossiers des nouveaux évêques, 1 plaq. . . . 1 »
— Le Clergé fin de siècle 3 50
Pigault-Lebrun. La Folie espagnole. . . . . 1 »
Pigot (Ch.). Georges Bizet et son œuvre. 3 50
Pinard (Ernest). Mon Journal, 3 vol. à 3 50
Piron. Poésies badines.. 1 »
Piry. Erh-Tu-Mey, 2 volumes. . . . . 7 »
Poe (Edgard). Le Scarabée d'or . . . . 1 »
— Le Scarabée d'or (C^{on} G^{me} illustrée) . . . . 2 »
Poisot (Charles). Histoire de la Musique en France. 4 »
Poitevin. Les Pêcheurs de l'île de la Borde. 3 50
Pokitonoff (M.). La Beauté par l'hygiène. 3 50
          cartonné. 4 »
— Hygiène de la peau dans la première enfance.
          broché. 2 »
          cartonné. 3 »
— Hygiène de la mère et de l'enfant. 3 50
          cartonné 4 »
Pommier. Les Sires de Fleurs de Lys . . . . 4 »
Pompery. La Vie de Voltaire. 3 50
Ponson du Terrail. Diane de Lancy. 0 60
— Le Page Fleur-de-Mai 1 »

— Les Amours d'Aurore, 2 v.
. . . . 6 »
— I. Les Pensionnaires de Mme Coclès.
— II. Le joli Jeu de la Guillotine.
— L'Auberge de la rue des Enfants-Rouges, 2 vol.   6 »
— I. Le Journal d'un lieutenant de police.
— II. La Fugitive du Parc aux Cerfs.
— Le Bal des Victimes.   1 »
— Le Capitaine des Pénitents noirs, 2 vol. . . . . . 6 »
— I. L'Innocent.
— II. Le Coupable.
— Le capitaine Coquelicot 0 60
— Un Crime de Jeunesse.
. . . . 3 »
— Le Filleul du Roi, 2 v.   6 »
— I. La Belle Provençale.
— II. L'Héritage du Roi René.
— Le Fils de Judas, 2 v.   6 »
— I. Un Conte des Mille et Une Nuits.
— II. L'Amour fatal.
— Le Forgeron de la Cour-Dieu 2 volumes. . . . . . . 6 »
— I. La Pupille des Moines.
— II. L'Empoisonneuse.
— Les Gandins, mystères du Demi-monde, 2 vol. . . .   6 »
— I. Les Hommes de cheval.
— II. L'Agence matrimoniale.
— Les Héros de la vie privée, 3 vol. . . . . 9 »
— I. La Fée d'Auteuil.
— II. L'Orgue de Barbarie.
— III. Jeanne.
— La Jeunesse du Roi Henri, 8 vol. . . . . 10 »
— I. La Belle Argentière.
— II. La Maîtresse du Roi de Navarre.
— III. Les Galanteries de Nancy la Belle.
— IV. Les Aventures du Valet de Cœur.
— Les Amours du Valet de Trèfle.
— VI. La Saint-Barthélémy.
— VII. La Reine des Barricades.
— VIII. Le Régicide Jacques Clément.
— La Justice des Bohémiens, 2 vol. . . . . 6 »
— I. Nichette la Bouquetière.

— II. Le Collier Rouge.
— Maître Rossignol. . .   1 »
— Mémoires d'un Gendarme.
. . . . 3 »
— La Messe noire, 3 vol.   9 »
— I. La Ribaude ensorcelée.
— II. La Danseuse de corde.
— III. Le Palais Mystérieux.
— Les Mystères des Bois, 3 v.
. . . . 9 »
— I. Sardine blanche.
— II. La Chasse à la muette.
— III. Les Ardennes.
— Les Nuits de la Maison Dorée.
. . . . 3 »
— Les Nuits du quartier Bréda.
. . . . 3 »
— Le Paris Mystérieux, 5 vol. in-18 jésus . . . . . .   5 »
— I. Les Spadassins de l'Opéra.
— II. Les Compagnons de l'Amour.
— III. La Dame au gant noir.
— IV. La Comtesse d'Asti.
— V. Le Roman de Fulmen.
— Pas de chance 2 vol.   6 »
Les Rocamboles, 30 vol. à 1 »
1° Drames de Paris, 5 v. in-18
. . . . 5 »
— I. L'Héritage mystérieux.
— II. Mademoiselle Baccarat et sœur Louise.
— III. Le Club des Valets de Cœur.
— IV. Turquoise la Pécheresse
— V. Le Comte Artoff.
2° Les Exploits de Rocambole, 4 vol. in-18. . . . . . 4 »
— I. Une Fille d'Espagne.
— La Comtesse Artoff.
— La Mort du sauvage.
— IV. La Revanche de Baccarat.
3° La Résurrection de Rocambole, 5 vol. in-18. . .   5 »
— I. Le Bagne de Toulon.
— II. Saint-Lazare.
— III. L'Auberge maudite.
— IV. La Maison des Fous.
— V. Le Souterrain.
4° Le dernier mot de Rocambole, 7 vol. in-18. . .   7 »
— I. Les Ravageurs.
— II. Les Etrangleurs.
— III. Le Fils de Milady.
— IV. Les Millions de la Bohémienne.
— V. La Belle Jardinière.

Librairie DENTU, Paris

— VI. Un drame dans l'Inde.
— VII. Les Trésors du Rajah.
5° **Les Misères de Londres,**
5 vol. in-18. . . . . . 5 »
— I. La Nourrisseuse d'en-
fants.
— II. L'Enfant perdu.
— III. La Cage aux Oiseaux.
— IV. Les Tribulations de Sho-
king.
— V. Miss Ellen.
— 6° **Rocambole en Prison,**
2 vol. in-18 . . . . . 2 »
— I. Les Amours du Limou-
sin.
— II. Les Souterrains de New-
gate.
7° **La Corde du Pendu,** 2 vol.
in-18. . . . . 2 »
— I. Le Fou Bedlam.
— II. L'Homme gris.
— Le Secret du docteur Rous-
selle, 2 vol. . . . . . 6 »
— I. Maubert le Boiteux
— II. La Chevrette.
— Mon Village, 3 vol. . . 9 »
— I. Mademoiselle Mignonne.
— II. La Mère Miracle.
— III. Le Brigadier La Jeunesse.
— Les Voleurs du Grand Monde,
7 vol. . . . . 7 »
— 1. Cartahut.
— II. Le Mystère du passage
du Soleil.
— III. Le Seigneur de la Mon-
tagne.
— IV. Le Dévouement de Jeanne.
— V. Mousseline.
— VI. Les Pièges de Mlle Olympe.
— VII. Le Buveur de Raki.
Pont-Jest (René de). Aveugle,
. . . . 3 50
— Sang Maudit, 3 vol. . . 10 50
— I. Jeanne Reboul.
— II. La Comtesse Iwacheff.
— III. La Louve.
— L'Araignée rouge, 1 vol.
. . . . 3 50
— Le Cas du docteur Plemen,
1 vol. 3 50
— Les Crimes d'un Ange.
. . . . 3 50
— Le Fils de Jacques . 3 50
— Fieschi, 1 vol. in-18°. 3 50
— Grand mariage, 1 vol. 3 50
— Les Martyrs de la Nello.
2 vol. . . . . 7 »
— I. Le Roman d'une diva.

— II. Un Drame en Russie.
— Grain de Beauté. . . 3 50
— Les Régicides (Fieschi) 3 50
— Le n° 13 de la rue Marlot.
. . . . 3 50
— La Duchesse Claude. 3 50
— Le Fleuve des Perles, ill.
. . . . 3 50
— Le Serment d'Eva. . 3 50
— Le Testament du baron Jean.
. . . . 1 »
Da Porta. Juliette et Roméo
(C^on G^me I^ll.) . . . . . 2 »
Poujade (E.). Madame Swet-
chine. 1 50
Poussin. Les États-Unis d'Amé-
rique. 3 50
Pradel. L'Histoire Coutenceau.
. . . . 3 »
— Le Marquisat Boulard. . .
. . . . 3 »
— Le Martyre d'une mère 3 50
Prat (E.). Les Exploits du 2 Dé-
cembre. 2e partie. . . 3 »
Prévost (Abbé). Manon Lescaut.
. . . . 1 »
— Manon Lescaut (C^on G^me I^ll.)
. . . . 2 »
Un Prêtre. Le Cri de la chair
. . . . 3 50

Q

Quatrelles. Double face. 3 50
Quinet (E.) Le Livre de l'exilé
— L'Esprit nouveau. . . 6 »
— La République. . . . 3 50
— Vie et mort du génie grec
. . . . 5 »
Quinet (Mme). Paris, Journal du
siège. 3 50
— Sentiers de France. . 3 50
Quinton (Marie). Journal de la
Belle Meunière (Le général
Boulanger et son amie) 3 50

R

Rachilde. M. de la Nouveauté.
. . . . 3 »
Racot. La Conquête de Flo-
rianne, 1 vol. in-18°. . 3 50

Radiot (Paul). L'Elite . 3 50
— Tripoli d'Occident et Tunis.
. . . . 3 50
— Notre Fille de France. 3 50
Rameau (Jean). Moune, Ill.
. . . . 3 50
Ramée (Daniel). Action de
Jésus sur le monde. 1 vol.
in-8°. . . . . 6 »
Ram-Baud (Y.). Les 4 filles
Aymon. 3 50
Rattazzi (Mme). Rattazzi et son
temps, 2 vol. . . . . 16 »
Raudot. Napoléon Ier peint par
lui-même. . . . . . . 3 »
Reclus. (Elie). Les Primitifs de
l'Australie. 3 50
Régnal (Georges). Ce que doi-
vent être nos filles. · 1 »
Regnard. Aryens et Sémites,
T. I. 3 50
Reinach (Th.). Cent ans après.
. . . . 0 60
Réis (Dr). La Clef de la science
de l'homme. . . . . . 3 »
Renard (G). La Conversion
d'André Savenay. . . 3 50
— Critique de combat. .
    1re série. 3 50
— — — deuxième
série. 3 50
Reney Lebas. Confession d'une
cantatrice. . . . . . . 3 »
Restif de la Bretonne. L'A-
mour à 45 ans . . . . 1 »
Révillon (T.). Le Bon Monsieur
Jouvencel. . . . . . . 1 »
— Deux Compagnons. . 1 »
— Histoire de trois enfants.
. . . . 1 »
— La Séparée . . . . . 1 »
— La Bourgeoise pervertie.
. . . . 1 »
— Le Faubourg Saint-Germain.
. . . . 2 »
Révoil (B.-H.). Bourres de fu-
sil . . . . 3 »
— Histoire des chiens de tou-
tes races. . . . . . . 6 »
— Monaco et Monte-Carlo 3 50
Révoil (G.) *. Voyage au cap
des Aromates. . . . . 4 »
Rey. La Comtesse Hedwige. .
. . . . 3 »
Reynaud (Léonce). Revision dé-
partementale . . . . . 1 »
Ribeyre (F.). La Nouvelle
Chambre 1889-93 . . . 4 »

— Châtel-Guyon illustré (guide)
. . . . 2 50
— Royat illustré (guide) 3 »
Ricard (Mgr) Monseigneur Miol-
lis 3 50
— Monseigneur Freppel 3 50
— Le Cardinal Fesch. . 3 50
— Jeanne d'Arc la Vénérable.
. . . . 3 50
— Le Concile national de 1811
. . . . 3 50
— La vraie Bernadette de
Lourdes. . . . . 3 »
Le même, édit. espagnol. 3 »
Richard (I.). Annuaire de la
Guerre de 1870, 3 fles à 2 »
— Comment on a restauré
l'Empire. 3 50
Richard (C). La Dame rousse.
. . . . 3 »
Richebourg (Emile). Andréa la
Charmeuse. 2 vol. . 6 »
— Amours villageoises . 0 60
— Un Calvaire, 1 vol. . 1 »
— Cendrillon. 3 50
— La Comtesse Paule, 3 vol.
. . . . 9 »
— Les Deux Berceaux, 2 vol.
. . . . 6 »
— La Dame voilée . . . 3 »
— Les Deux Mères, 2 vol. 6 »
— La Petite Mionne. 3 vol . .
. . . . 9 »
— L'Enfant du faubourg, 2 vol.
. . . . 6 »
— La Fille maudite, 2 v. 6 »
— Le Fils, 2 vol. . . . . 6 »
— La Grand'Mère, 3 vol. 9 »
— L'Idiote, 3 vol. . . . 3 »
— Jean Loup, 3 vol. . . 9 »
— Les Millions de M. Joramie.
3 vol. . . . . 9 »
— Le Million du père Raclot.
Illustré. 3 50
— La Nonne amoureuse. 3 »
— Le Mari. 3 vol. . . . 9 »
— Histoire d'un Avare, d'un
Enfant, etc. . . . . . 1 »
— Quarante mille francs de
dot. 0 60
— La Belle Tiennette. . 1 »
— La Petite Mère, 2 vol. 6 »
Richebourg (E.) et de **Lyden**
(F.). Les Amoureuses de Pa-
ris. 2 vol. . . . . . . 2 »
Richepin (Jean). Miarka, in-8°,
ill. broché. . . . . . 15 »

d.

— Louis-Napoléon et Mlle de Montijo 1 vol. . . .   50
— Marie-Amélie et la Cour de Palerme 3 50
— Marie-Amélie au Palais-Royal. 3 50
— Marie-Amélie et la Cour des Tuileries. 3 50
— Marie-Amélie et la duchesse d'Orléans. 3 50
— Marie-Amélie et l'apogée du règne de Louis-Philippe. 3 50
— Marie-Amélie et la Société française en 1847. . . 3 50
— La Révolution de 1848. 3 50
— Les Exils de 1848 . . 3 50
— Le début du second Empire 3 50
— La Cour de Louis XVIII, in-4°, ill . . . . 30 »
— La Cour de Charles X, in-4°, ill. . . . . 30 »
— La Jeunesse de Louis-Philippe et Marie-Amélie. in-4° ill. . . . . 30 »
— La Duchesse de Berry, in-4° ll. . . . . 30 »
— Portraits de grandes Dames 1 vol 3 50
— Madame de Girardin . 3 50
— Souvenirs 3 50
— Deux victimes de la Commune. 2 50

Édition spéciale pour la jeunesse

— La Cour de Louis XIV 3 50
— La Cour de Louis XV. 3 50
— Les beaux jours de Marie-Antoinette. 3 50
— La Jeunesse de l'Impératrice Josephine. 3 50
★ **Saint-François.** Confession galante. . . . . 3 »
Saint-Genest. La Politique d'un Soldat . . . . 3 »
— Le Patriotisme vrai et le Chauvinisme bête. . . 0 50
★ Lettres d'un Soldat. . 3 »
— La Bride sur le cou . 3 50
— Octave, Toto, Riri. . 3 50
Saint-Jean (Comte de). Michel Marion . . . . 2 »
Saint-Martin. F.-V. Raspail. . . . . 1 »

Saint-Maxent. L'Abbé Caristie. 3 50
— Le Cœur humain . . 3 »
— Les Pays inconnus. . 3 »
— Les Résignées . . . . 3 »
— Jeune fille. . . . . . 3 »
— Une Jeune femme. . 3 50
Saint-Yves (E. de). A la Cravache. 3 50
Saillard. Organisation de la démocratie . . . . . . 1 »
Salis (Rodolphe). Contes du Chat Noir, ill. 3 50
Salverte (F. de). Le Roman dans la Grèce ancienne 3 50
Samson. L'Art théâtral. 3 50
Sapho (Rachel). Fleurs de Printemps 3 50
Saulière (A.). Ce qu'on n'ose pas dire. . . . . . . 10 »
★ Histoires conjugales 3 50
— Les Leçons conjugales 3 50
Saunière (P.). Le Beau Sylvain, 2 vol. . . . . 7 »
— A travers l'Atlantique 3 50
— La Belle Argentière, 2 vol. . . . . 7 »
— Le Capitaine Marius , 3 50
— Le Chevalier Tempête 3 50
— Les Chevaliers du Saphir 3 50
— La Connétable Colonna. 3 50
— Flamberge. 3 50
— La Fille des Pharaons 3 50
— Le Legs du Pendu. . 3 50
— Les Jouisseurs. . . . 3 50
— Madame Rabat-Joie. . 3 50
— La Mère Michel, 2 vol. 7 »
— Mamzell' Rossignol 2 v. 7 »
— Le Père Braséro . . . 3 50
— Un Gendre à tout prix 1 »
— Le Capitaine Belle-Humeur, ... 0 60
— Le Roi Misère. 2 vol. 2 »
— La Capote Rose . . . 1 »
— Papa Lagratte. . . . 1 »
— Les Ecumeurs de rivières. . . . . 1 »
— Un Drame sous la Régence. . . . . 2 »
— Le Neveu d'Amérique. 3 50
★ Le Secret de la Roche Noire 3 50
La Recluse de Montfleury. 3 50
— La Vie d'une Morte . 3 50
Sauton (Georges). Le Mal d'argent 3 50

Librairie DENTU, Paris

Sauvestre (Ch.). Les Congrégations religieuses dévoilées . . . . 1 »
— Les Jésuites peints par eux-mêmes . . . . 1 »
— Sur les genoux de l'église. . . . . 1 »
Sauvey. (Roger de Tostes), 1 vol. in-18º. . . . . 3 »
Schauer. Correspondance inédite de L.-C. de Saint-Martin. . . . . 8 »
Shakespeare. Le Songe d'une nuit d'été (C^{on} G^{me} I^{ll}). 2 »
Schalck de la Faverie. Incompatibles . . . . . v . . 3 »
Scherer (Jean). Philosophia. . . . . 6 »
Scholl (A.). Fables de La Fontaine filtrées (Illus.). . 10 »
— Scandales du Jour. . 3 50
Schopenhauer. La Vie, l'Amour et la Mort. 1 vol . . . 1 »
Schoyen (Mme El.). Le Bonheur par l'amour. . . . . . 3 »
Schreiner (A.). La Nouvelle-Calédonie . . . . 4 »
— **Scribe.** Œuvres complètes . . 76 volumes à 2 fr. Demander le catalogue spécial . . . .
Second (A.). La Jeunesse dorée. . . . . 1 »
— Les Demoiselles du Roncay. . . . . 1 »
— La Semaine des Quatre Jeudis. . . . . 1 »
— La Vicomtesse Alice. 0 60
— Le Tiroir aux souvenirs 3 50
— Les Misères d'un prix de Rome . . . . 3 »
★ La Vie facile. . . . . 3 »
Ségalas (A.). Les Rieurs de Paris. . . . . 1 »
— Les Romans du wagon. 1 »
— Les deux Fils. . . . . 1 »
— Le Compagnon invisible 1 »
— Les Magiciennes d'aujourd'hui. . . . . 3 »
Segonzac (P.). La petite Filleule 3 50
— Jésus 3 50
Serret (Ernest). Le Roman de la Suisse. . . . . . . 3 ».
Sigault (L.). Madeline, 1 plaq» . . . . 2 »
Sigaux. (Jean). Voyage au pays du doute. . . . . . . 3 »

Signol. Au galop à travers les âges, 1 vol 3 50
Silvestre (A.). Mélancolies d'un Joyeux. 3 50
— Le Livre des Fantaisies 3 50
Simiers (Max de). Un faux départ 3 50
Choc en retour 3 50
Simons (G.). Au Pays des Enchantements 7 50
— Baie de Seine, 1 vol. in-8º. 7 50
— Baie de Saint-Malo, in-8º . . . . 6 »
— Nice-la-Belle . . . . 2 »
Sivet (D.). Les Enamourées . . . . 6 »
— La Déclaration. . . . 2 »
Sirven (A.). Au pays des Roublards 3 50
— Une Gueuse . . . . . 3 »
— Les Gens qu'on salue 3 »
— Sous la Livrée. . . . 3 »
Sirven et H. Leverdier. La Fille de Nana 3 50
Société des Gens de lettres.
— Le Dessous du panier. 3 50
— L'Enfant de 36 pères. 3 50
— En petit comité . . . 3 50
— Entre Amis 3 50
— 47, Chaussée d'Antin 3 50
— La Ronde des Conteurs 3 50
— Nos 50 ans 3 50
Solié (Paul). L'Année joyeuse . . . . 3 »
Solowieff. Histoire de Russie. . . . . 7 »
Soulié (Frédéric). Un Rêve d'amour. . . . . 1 »
Sourbé (H.). Tir de chasse raisonné 3 50
Souvoroff (Princesse). Quarante jours à New-York. . . 2 »
Sportmann (Un). Jockey-Club devant l'opinion publique. 1 plaq. in-8º . . . . 1 »
Staël (Mme de). L'Allemagne. . . . . 1 »
Stapleaux. Les Amours d'une horizontale 3 50
— Les Amoureux de Lazarine. 3 50
— La Capitaine rouge. . 3 50
— Le Coucou, 3 vol . . 10 50
— La Langue de Madame Z***. . . . . » 60
— ★ La Nuit du Mardi-Gras 3 50
— La Reine de la Gomme 3 50

— Un lys dans la neige (illus.) (C^{on} Dragon) . . . . . 3 »
— Meyer et Isaac, illust. 10 »
— La Police secrète prussienne 3 50
— Voyage au pays des milliards. 3 50
— Les Prussiens en Allemagne. 3 50
— Voyage aux pays annexés. 3 50
— Russes et Allemands. 3 50
— La Russie et les Russes. 3 50
— De Sadowa à Sedan . 3 50
— La Société et les mœurs allemandes 3 50
— La Suisse inconnue . 3 50
— Le même, in-8° ill. . 10 »
— Vienne et la Vie viennoise. 3 50
— Voyage au pays des Tziganes. 3 50
— Simone 3 50
Tissot (V.) et **Amero** (C.). Aventures de Gaspard van der Gomm, 2 vol. . . . . 7 »
— Aventures de trois Fugitifs. 3 50
— La Russie rouge . . . 3 50
Tol-Heir. Gaulois et juifs. 1 v. 3 50
Tollemache-Sinclair. Pleurs et Sourires. 1 25
Tolstoï (Comte L.). Macha 1 »
— La Mort (C^{on} G^{me} Ill.) 2 »
— Michall (C^{on} G^{me} Ill.) 2 »
— Paysans et soldats. . 3 50
Topfer. Nouvelles Génevoises, 1 vol. . . . . . 1 »
Tourte. Le Chapitre des renseignements . . . . . 1 »
Toussaint. Messire Jean et Dame Ursule . . . . . 2 »
Toussenel. Les Juifs rois de l'époque, 2 vol. . . . 7 »
— Le Monde des oiseaux, 3 vol. . . . . 21 »
— L'Esprit des bêtes. . 7 »
Tschokké. Contes suisses 1 »
Trotignon (Lucien). En Méditerranée, 1 vol. in-18° . . 3 50
Trimm. Les Mémoires de Lisette . . . . 1 »
Trogoff-Kerbigouet. La Blague démasquée . . . . . 1 »
Tyssandier. Première passion. . . . . 3 »

U

Ubicini (A.). Les Serbes de Turquie 3 50
— La question des Principautés . . . . 4 »
— La question d'Orient devant l'Europe . . . . 3 »

V

Valbel (Horace). La Police de sûreté en 1889 . . . . 3 50
— Les Chansonniers et Cabarets artistiques de Paris, 1 vol. illustré 3 50
Valfons (Marquis de). Souvenirs 3 50
Valois (Ch.) La Roche qui pleure . . . . 3 »
— Le Docteur André . . 3 50
— Maurice Duhamel . . 3 50
Valleton. Autour de vous 2 »
Valmiki. L'Exil de Rama (C^{on} G^{me} Ill.) . . . . . . 2 »
Vanucci. Les Confiscations de la régie 0 50
Vasselot (A. de). Histoire de la sculpture en France . 6 »
Vast-Ricouard. La Haute Pègre. . . . . 3 »
— La Négresse. 1 25
— La Petite de Chavry. 3 »
Veling. La Guerre Franco-Allemande, 1 vol. 6 60
Vander. L'Honnête Vernon. 3 50
Vendicta (O') Jacques Martial et Cie) . . . . . . 1 »
Vento (Claude). Les Grandes Dames d'aujourd'hui . 20 »
— L'art de la toilette chez la femme . . . . 6 »
— Couronne d'épines. . 3 »
— Une Vie brisée. . . . 3 50
— Les Peintres de la femme, illustré . . . . 30 »
— Les Salons de Paris en 1889 . . . . 3 50
Verger Saint-Thomas (Cte du). Nouveau Code du duel. 6 »

Y

Z

NOUVELLE COLLECTION

IN-8° DRAGON ILLUSTRÉE

Dimension : 0,105 × 0,17 — Prix : **3** fr., broché.

La Librairie DENTU vient de créer une nouvelle collection dont les ouvrages, imprimés sur papier de luxe, en très beaux caractères et ornés de superbes illustrations, auront leur place marquée dans toutes les bibliothèques d'amateurs de bons et beaux livres.

PREMIERS VOLUMES A PARAITRE :

Art-Roë............ *Papa Félix* (paru).
Victor Tissot...... *Un lys dans la neige* (paru).
André Theuriet.... *Mariannic.*
Henri Lavedan..... *C'est servi.*

OUVRAGES PÉDAGOGIQUES
D'ENSEIGNEMENT ET D'ÉDUCATION

GALERIE FRANÇAISE

Ouvrage honoré d'une souscription du Ministre de l'Instruction publique
et de la Ville de Paris.

PUBLIÉ AVEC LA COLLABORATION DE :

Recteurs, Inspecteurs généraux de l'Université, Inspecteurs d'académie, Inspecteurs primaires, Doyens de Facultés des lettres, Professeurs agrégés des lycées et collèges, Publicistes, etc., etc.

Mettre dans les mains des écoliers français un livre de lecture qui fasse revivre à leurs yeux et grave dans leur esprit le passé historique de la terre natale avec son cortège d'illustrations et de célébrités, tel est le but de la « Galerie Française ».

Divisée en quatre-vingt-six volumes — un par département — cette Galerie est, au premier chef, une œuvre de patriotisme et constitue un précieux instrument d'éducation civique : elle élargit heureusement, dans le sens local, jusqu'à ce jour un peu négligé, le champ des connaissances historiques de l'écolier ; elle impose à l'esprit de ce dernier le souvenir des gloires ou des mérites d'hommes qui **sont** nés du même sol que lui et ont immortalisé ce berceau commun, et, réchauffant par là son culte pour la terre de la Patrie, elle exploite noblement, pour la plus pure édification de la jeunesse, le grand héritage de nos pères, si riche en glorieux exemples, si prodigue de fières leçons.

Librairie DENTU, Paris

La rédaction des **quatre-vingt-six** livres qui composent la « Galerie Française » a été demandée aux plumes les plus autorisées; il suffira de citer quelques noms : MM. Régis Artaud, inspecteur d'académie, Compayré, recteur de l'Académie de Lyon ; Causeret, inspecteur d'académie, docteur ès lettres; Chanal, inspecteur d'académie; Delaage, professeur à la Faculté de Montpellier; Adrien Dupuy, inspecteur d'académie à Paris; A. Durand, secrétaire de l'Académie de Paris; Duplan, inspecteur général de l'Université; E. des Essarts, doyen de la Faculté des lettres de Clermont-Ferrand; Brunel, inspecteur général de l'Université; Flourens, ancien ministre des Affaires étrangères; Guillon, agrégé d'histoire, docteur ès lettres; Martel, inspecteur général de l'Université; Métivier, inspecteur général honoraire; Laronze, recteur de l'Académie de Chambéry; Hannedouche, inspecteur primaire; Fleury-Ravarin, conseiller d'Etat; Riquet, professeur à l'Ecole Alsacienne; A. Theuriet, lauréat de l'Académie française; Sevin-Desplaces, conservateur à la Bibliothèque Nationale; Lucipia, président du Conseil général de la Seine ; Ferrand, inspecteur d'académie; Bellanger, inspecteur d'académie; Meyer, inspecteur d'académie ; Pelisson, inspecteur d'académie ; Boyer, inspecteur primaire ; Athané, inspecteur primaire ; etc., etc.

Chacun des livres de la « Galerie Française » forme un in-18 jésus, tiré sur beau papier, illustré de portraits gravés sur bois et cartonné (avec titre spécial, du prix de 80 centimes, le Nord et la Seine exceptés Nord 1 fr. 20, Seine 2 fr. 50).

Sont parus dans cette collection :

Ain........ .... par A. Bérard, Député.
Aisne .... A. Thalamas, Agrégé d'histoire.
Alpes-Maritimes:..... Chanal, Agrégé des Lettres, inspecteur
　　　　　　　　　　　　d'académie.
Ardennes.............. A. Hannedouche, Inspecteur primaire.
Aude.................. Ch. Boniface, Ancien chef de bureau au
　　　　　　　　　　　　ministère de l'Instruction publique.
　　　　　　　　　　　　L. Mainard, Ancien chef du secrétariat
　　　　　　　　　　　　du ministère de l'Instruction publique.

Librairie DENTU, Paris

Cantal	Athané, Inspecteur primaire.
Charente-Inférieure.	Bellanger, Inspecteur d'académie.
Corrèze	Laborde, Licencié ès lettres, professeur à l'École Monge.
Corse	Chanal, Inspecteur d'académie
Côte-d'Or	A. Dupuy, Agrégé des Lettres, inspecteur de l'Académie de Paris.
Deux-Sèvres	Ch. Causeret, Docteur ès lettres, inspecteur d'académie.
Dordogne	Pellisson, Inspecteur d'académie.
Drôme.	L. Mainard, Professeur au collège Chaptal.
Eure	L. Claretie, Docteur ès lettres, Ancien élève de l'école normale supérieure.
Finistère	J. Michel, Membre de la Société Celtique.
Gard	V. Riquet, Officier d'académie, licencié ès lettres.
Gironde	Ch. Laronze, Recteur de l'Académie de Chambéry.
Haute-Loire	J.-L. Corcelle, Agrégé de l'Université, professeur, au lycée d'Annecy.
Haute-Marne	F. Galle, Rédacteur au ministère de l'Agriculture.
Haute-Savoie	J. Meyer, Inspecteur d'académie.
Hérault	V. Riquet, Officier d'académie, licencié ès lettres.
Haute-Vienne	Compayré, Recteur de l'Académie de Lyon.
Ille-et-Vilaine	E. Guillon, Agrégé d'histoire, ancien élève de l'Ecole normale supérieure.
Isère	L. Mainard, Professeur au collège Chaptal.
Landes	Mondiet, Inspecteur d'académie
Loiret	Ferrand, Inspecteur d'académie, agrégé d'histoire, ancien élève de l'Ecole normale supérieure.
Loire.	V. Riquet, Licencié ès lettres.
Loir-et Cher	H. Soinoury, Licencié ès lettres.
Loire-Inférieure	H. Métivier, Inspecteur général honoraire de l'Université.
Lot-et-Garonne	V. Riquet, Officier d'académie, licencié ès lettres.
Mayenne	Guerrier, Inspecteur d'académie.
Maine-et-Loire	F. Robert, Inspecteur d'académie, agrégé de l'Université.
Meurthe-et-Moselle	V. Riquet, Officier d'académie, licencié ès lettres.
Meuse	A. Theuriet, Homme de lettres.
Nord	I.-M. Brunel, Inspecteur général de l'Université.

Librairie DENTU, Paris

Oise....................	H. Soinoury, Licencié ès lettres.
Pas-de-Calais.........	H. Métivier, Inspecteur général honoraire de l'Université.
Pyrénées-Orientales.	Guillon, Docteur ès lettres, agrégé de l'Université.
	Mainard, Professeur au collège Chaptal.
Rhône............:.....	Fleury-Ravarin, Auditeur au Conseil d'Etat, docteur en droit.
Sarthe................	H. Métivier, Inspecteur général honoraire de l'Université.
Seine et Paris.......	L. Lucipia, Président du Conseil général de la Seine.
Seine-Inférieure.....	A^{le} Rago, Licencié ès lettres.
Seine-et-Oise	E.-H. Valaray, Publiciste.
Vaucluse.............	L. Boyer, Inspecteur primaire.
Vendée...............	Sevin-Desplaces, Conservateur du musée du Louvre.
Vienne...............	Compayré, Recteur de l'Académie de Lyon.
Yonne	Huiard de l'Yonne, Avocat, officier d'académie.

Librairie DENTU, Paris

NOUVEL ATLAS HISTORIQUE

Médaille d'Or à l'Exposition de Bordeaux (1895).

Honoré d'une Médaille d'honneur de la Société nationale d'Encouragement au bien

Dimension : 25 × 20 cartonné — Prix : 2 fr. 25.

Par Albert BERNARD

Le Nouvel Atlas Historique, à l'usage des écoliers français (Lycées, Collèges, Ecoles primaires, supérieures et élémentaires), comprend l'Histoire de France depuis les origines jusqu'à nos jours : il est conforme au programme de 1894 et adopté par la Ville de Paris pour les Ecoles.

Cet ouvrage contient 45 cartes tirées en chromo-typographie, 80 gravures sur bois, 40 tableaux synoptiques et 80 pages de leçons placées en regard des cartes correspondantes.

C'est un ouvrage qui réunit, sous la forme la plus concise, un véritable ensemble de connaissances géographiques et historiques. Les écoliers français en tireront le plus grand avantage pour un voyage plein d'intérêt à travers l'histoire de notre pays.

Cette publication a mérité à l'auteur une lettre-préface de M. Gabriel Compayré, recteur de l'Académie de Lyon.

Le Nouvel Atlas Historique sera envoyé franco, sur leur demande, à tous les Membres de l'enseignement au prix de **1 fr. 50**.

Cet Atlas vient d'être honoré d'une souscription du *Conseil général de la Seine* et du *Conseil municipal de Paris*.

CET ATLAS COMPREND LES CARTES SUIVANTES

Conquête de la Gaule. — Vercingétorix et J. César.

Invasion des Barbares. — Ve siècle.

Conquêtes de Clovis. — Etablissement des Francs en Gaule (481-511).

Les successeurs de Clovis et les maires du Palais (511-782).

L'empire de Charlemagne (782-843).

Les successeurs de Charlemagne (843-937).

Les Capétiens et la Féodalité (987-1328).

Les Croisades (1095-1270)

Guerre de Cent-Ans. — Philippe VI et Jean le Bon (1328-1360).

Guerre de Cent-Ans. — Charles V et Charles VI (1360-1422).

Guerre de Cent-Ans. — Jeanne d'Arc (1422-1461).

Louis XI et Charles le Téméraire (1461-1483).

Les Guerres d'Italie (1483-1515).

Rivalité de François Ier et de Charles-Quint (1515-1559).

Les Guerres de Religion. — François II et Charles IX (1559-1574).

Les Guerres de Religion. — Henri III (1574-1589).

Les Guerres de Religion. — Henri IV et Louis XIII (1589-1643).

Guerre de Trente Ans et Guerre de la Fronde (1635-1661).

Guerre de Flandre, de Hollande et Ligue d'Augsbourg (1661-1697).

Guerre de Succession d'Espagne (1697-1715).

Les Guerres de Louis XV et de Louis XVI (1715-1789).

Première Coalition. — Campagne d'Allemagne et Guerre de Vendée (1789-1793).

Première Coalition. — Campagnes d'Italie et d'Egypte (1796-1801).

Deuxième Coalition. — Campagnes de Hohenlinden et Marengo (1798-1802).

Troisième et quatrième Coalitions. — Campagnes d'Austerlitz, d'Iéna et de Friedland (1805-1807).

Cinquième Coalition. — Guerres de Portugal et d'Espagne. — Campagne de Wagram (1807-1809).

Sixième Coalition. — Campagnes de Russie et de Saxe (1812-1813).

Campagnes de France et de Waterloo (1815).

Europe de 1815 à nos jours.

Conquête de l'Algérie (1830-1847).

Guerre d'Orient. — Campagne de Crimée (1854-1856).

Guerres d'Italie, de Crimée et du Mexique (1859-1864).

Guerre contre la Prusse (1870-1871).

Siège de Paris (1870-1871).

Guerre du Tonkin (1882-1885).

Guerres de Tunisie et du Dahomey. — Expédition de Madagascar (1881-1894).

Librairie DENTU, Paris

PETIT ATLAS HISTORIQUE

à l'usage des Écoles Primaires

Par AL. BERNARD

Dimension : 22 ✕ 20 cartonné — Prix : 1 franc.

45 cartes tirées en chromo-typographie, accompagnées d'un texte chronologique indiquant les faits principaux relatifs à chaque carte.

CHRONOLOGIES DIVERSES

Adoptées par les Écoles de la Ville de Paris

Albert Bernard..... Instituteur public à Paris	Résumé chronologique de l'histoire des Français depuis ses origines jusqu'à nos jours.	
—	Cours supérieur. — Préparation au Brevet supérieur. (A l'usage des écoles primaires et des classes élémentaires des lycées et des collèges). 1 vol. in-18 raisin cartonné.......	1 »
—	Cours moyen. — Préparation au Certificat d'études. (A l'usage des écoles primaires et des classes élémentaires des lycées et des collèges.) 1 vol. in-18 raisin	0 75
—	Cours élémentaire. — (A l'usage des écoles primaires et des classes élémentaires des lycées et des collèges.) 1 vol. in-18 raisin cartonné	0 70
—	Résumé chronologique de l'histoire des anciens peuples de l'Orient. (A l'usage des écoles primaires supérieures, des collèges et des lycées.) 1 vol. in-18 raisin cartonné	0 60
—	Résumé chronologique de l'histoire des Romains. (A l'usage des écoles primaires supérieures, des collèges et des lycées.) 1 vol. in-18 raisin cartonné	0 60

Librairie DENTU, Paris

Albert Bernard..... Instituteur public à Paris (suite).	Résumé chronologique de l'histoire des Grecs. (A l'usage des écoles primaires supérieures, des collèges et des lycées.) 1 vol. in-18 raisin cartonné	0 60
—	Chronologie générale de l'histoire ancienne, du moyen âge et des temps modernes	2 75
—	Résumé chronologique de l'histoire générale du moyen âge et des temps modernes. (A l'usage des écoles primaires et des lycées.) 1 vol. in-18 raisin cartonné, renfermant 35 tableaux synoptiques	3 90
—	Tableaux synoptiques de l'histoire générale du moyen âge et des temps modernes. 1 plaquette in-18 raisin	0 70
—	Tableaux synoptiques annexés au cours supérieur du résumé chronologique de l'histoire des Français (A l'usage des écoles primaires.).............	0 40
Albert Bernard et Eugène Marchal.	Cinq cents dictées élémentaires. 1 vol. in-18 raisin cartonné.............	1 »

Librairie DENTU, Paris

COLLECTION DES CARTES MURALES HISTORIQUES
Par ALBERT BERNARD

MÉDAILLE D'ARGENT A L'EXPOSITION SCOLAIRE DE BLOIS

MÉDAILLE D'HONNEUR

DE LA SOCIÉTÉ NATIONALE D'ENCOURAGEMENT AU BIEN

MÉDAILLE D'OR A L'EXPOSITION DE BORDEAUX

Dimension des Cartes : 86 × 91

0. Conquête de la Gaule. — Vercingétorix et J. César.
1. Invasion des Barbares. — ve siècle.
2. Conquêtes de Clovis. — Etablissement des Francs en Gaule (481 511).
3. Les successeurs de Clovis et les maires du Palais (511-782).
4. L'empire de Charlemagne (782-843).
5. Les successeurs de Charlemagne (843-937).
6. Les Capétiens et la Féodalité (987-1338).
7. Les Croisades (1095-1270).
8. Guerre de Cent ans. — Philippe VI et Jean-le-Bon (1328-1360).
9. Guerre de Cent ans. — Charles V et Charles VI (1360-1422).
10. Guerre de Cent ans. — Jeanne d'Arc (1422-1461).
11. Louis XI et Charles le Téméraire (1461-1483).
12. Les Guerres d'Italie (1483-1515).
13. Rivalité de François Ier et de Charles-Quint (1515-1559).
14. Les Guerres de Religion. — François II et Charles IX (1559-1574).
15. Les Guerres de Religion. — Henri III (1574-1589).
16.   —   — — Henri IV et Louis XIII (1589-1643).
17. Guerre de Trente Ans et Guerre de la Fronde (1635-1661).
18. Guerre de Flandre, de Hollande et Ligue d'Augsbourg (1661-1697).
19. Guerre de Succession d'Espagne (1697-1715).
20-21. Les Guerres de Louis XV et de Louis XVI (1715-1789).
22. Première Coalition. — Campagne d'Allemagne et Guerre de Vendée (1789-1795).

Librairie DENTU, Paris

23. Première Coalition. — Campagnes d'Italie et d'Egypte (1796-1801).
24. Deuxième Coalition. — Campagne de Hohenlinden et Marengo (1798-1802).
25. Troisième et quatrième Coalitions. — Campagnes d'Austerlitz, d'Iéna et de Friedland (1805-1807).
26. Cinquième Coalition. — Guerres de Portugal et d'Espagne. — Campagne de Wagram (1807-1809).
27. Sixième Coalition. — Campagne de Russie et de Saxe (1812-1813).
28. Campagnes de France et de Waterloo (1815).
29. Europe de 1815 à nos jours.
30. Conquête de l'Algérie (1830-1847).
31. Guerre d'Orient. — Campagne de Crimée (1854-1856).
32. Guerres d'Italie, de Crimée et du Mexique (1859-1864).
33. Guerre contre la Prusse (1870-1871).
34. Siège de Paris (1870-1871).
35. Guerre du Tonkin (1882-1885).
36. Guerres de Tunisie et du Dahomey. — Expédition de Madagascar (1881 1894).
37. Campagne de Madagascar.

Ces cartes ont été honorées d'une souscription du Ministère de l'Instruction publique et du Conseil Municipal de Paris, d'une médaille d'or, de 2 médailles d'argent et de 1 de bronze. Elles ont été adoptées pour les écoles de la Ville de Paris et inscrites sur toutes les listes départementales.

Prix de chaque Carte collée sur carton rigide : 5 francs.

A titre de spécimen il sera fait envoi d'une Carte contre un mandat de **3 fr. 35.**

J. Laboureau . . . . Inspecteur honoraire de l'Enseignement primaire. Membre des Commissions d'examen de la Seine. Officier de l'Instruction publique. Chevalier de la Légion d'honneur.	Arithmétique théorique et pratique, suivie de notions d'algèbre, de géométrie et de comptabilité. (Ouvrage en trois parties répondant aux différents programmes des examens). Cours élémentaire. 1 vol. in-18, cart. 0 90 1re Partie. — Application des programmes du Certificat d'études primaires. 1 vol. in-18 jésus . . . . 2 » 2e Partie. — Application des programmes du Certificat d'études complémentaires, du Certificat d'études primaires supérieures, du Brevet de capacité élémentaire et d'une première année de préparation au Brevet supérieur. 1 vol. in-18 jésus. 2 50

Librairie DENTU, Paris

	3ᵉ Partie. — Complément des programmes du Brevet supérieur. 1 vol. in-18 jésus....................	3 »
	Solutions raisonnées des exercices et problèmes du cours pour les trois parties, chaque..............	3 »
	Arithmétique théorique et pratique, cours élémentaire, premières notions de calcul et de système métrique. — 1100 problèmes et exercices 1 vol. in-18 jésus cartonné........	0 90
Frédéric Choiral.... Instituteur primaire public à Paris.	La phonographie. Méthode phono-synthétique de lecture, d'écriture et d'orthographe. (A l'usage des classes élémentaires.)	
	Le travail complet comprend :	
—	1. La Méthode. (Livre du maître)..	0 90
—	2. Premier Livret. (Orthographe phonique.)...	0 45
—	3. Deuxième Livret. (Orthographe non phonique.)...............	0 60
—	4. Je sais lire! (Premier livre de lecture courante.)...........	0 75
—	5. Les leçons de M. Durand. (Deuxième livre de lecture courante.)....................	0 75
—	6. Les premiers exercices orthographiques	0 90
Bescherelle frères..	Le véritable Manuel des conjugaisons ou Dictionnaire des 8,000 verbes conjugués par ordre alphabétique de terminaisons et par catégories, précédées chacune d'un modèle conjugué à tous les temps et à toutes les personnes. Augmenté d'une Table générale des verbes. 1 vol. in-18 jésus....................	4 »
—	L'Art de la Correspondance. Nouveau manuel complet, théorique et pratique, du style épistolaire et des divers genres de correspondance ; suivi de modèles de lettres familières pour tous les usages de la correspondance. 5ᵉ édition, 2 volumes grand in-18 jésus..........	6 »
Delphine de Cool....	L'Aquarelle, gouache, miniature, 1 Plaq. in-8°................•....	1 50
—	Traité de peintures vitrifiables sur porcelaine dure et porcelaine tendre, sur émail, émail genre Limoges,	

Librairie DENTU, Paris

	émail or gravé, jaunie grand feu sur émail et sous émail. 1 brochure in-8°......................................	1 50
Petit (Edouard).....	De l'Ecole au régiment, quelques mots sur l'Education des Adultes et l'Instruction populaire, avec lettre-préface par M. Léon Bourgeois, ancien ministre de l'Instruction publique. 1 vol....................	3 »
Régnal (Georges)...	Ce que doivent être nos filles. 1 pla-quette in-16.....................	1 »
V. Riquet..........	Lectures sur l'hygiène. 1 vol. in-18 jésus cartonné....................	2 25
Tardif de Mello.....	Le langage fondé sur la logique. 1 plaquette.....................	

Éditions d'Amateurs

Sur papiers de luxe.

Librairie DENTU, Paris

	L'exemplaire sur Hollande......	30	»
	— Wathmann....	70	»
	— Japon.........	80	»
	— sur Japon avec double suite noir et bistre des eaux-fortes tirées à part sur feuilles spé-ciales portant sur le faux-titre une aquarelle........................	200	»
Bois (Georges).......	Prière du saltimbanque. 1. plaq.Vergé.	2	»
Bois (Maurice).......	Sur la Loire (campagne 1870-71). In-8°. Hollande...........................	10	»
Bois (Comte A. du)..	Amours antiques. In-18 illustré par Scherrer. Hollande...............	7	»
Bonnamour (Georges)..	Le Trimardeur. In-18 j. Chine.....	14	»
Bornier (H., vicomte de), de l'Académie française..	Poésies complètes. 1 vol. in-18 j. Vergé	7	»
	Japon.....................	14	»
Bourcard (Gustave)..	Les Estampes au xviii° siècle, guide manuel de l'amateur avec préface de Paul Eudel. 1 vol. in-8° raisin. L'exemplaire sur teinté.........	30	»
	— Japon.........	50	»
Champfleury........	Histoire de la Caricature au moyen âge. Vol. in-18 j. ill. sur Hollande.	10	»
—	Histoire de la Caricature sous la Ré-publique. Vol. in-18 j. ill. Hollande.	10	»
—	Histoire de l'Imagerie populaire. Vol. in-18 j. illustré sur Hollande......	10	»
—	Histoire des Faïences patriotiques sous la Révolution. In-18 j. ill. Hollande...... ·..................	10	»
—	Musée secret de la Caricature. Vol. in-18 j. illustré sur Japon........	20	»
—	Les vignettes romantiques. 1 vol. in-4° orné de 150 gravures. L'exemplaire sur Hollande......	75	»
	— Japon.........	100	»
Chautard (Charles)...	Chansons de métier. in-32. Hollande.	4	»
	— Japon ...	10	»
Claretie (Jules)......	L'Américaine. In-18 j. Hollande.....	7	»
	— Japon	14	»
	— Chine........	14	»
—	Candidat. In-18 j. sur Hollande	7	»
	— Japon.......	14	»
—	La cigarette. Hollande........ ·.....	7	»
—	Un enlèvement au xviii° siècle. Vol. in-16 avec eaux-fortes de Lalauze. L'exemplaire sur Hollande......	15	»

Claretie (Jules)	Pierrille Vol. in-18 j. ill. Japon.....	14	»
—	Puyjoli. Hollande	7	»
	— Japon......................	14	»
Claretie (Léo).......	Feuilles de route aux Etats-Unis. In-18 j. Chine....................	14	»
	— Japon................. .	14	»
Colombey (Emile)....	Correspondance authentique de Ninon de Lenclos. 1 vol. in-8° écu orné d'un portrait à l'eau-forte.		
	L'exemplaire sur Japon.........	14	»
Crawford (Marion)..	Avec les Immortels. Vol. in-18 j. Hollande......................	7	»
—	Le Comte Skariatine. In-18. Chine...	14	»
Crisafulli...........	Les Amants d'Hélène. In-18j. Hollande.	5	»
	— Japon....	7	»
Darimon (A.)........	Mémoires du sergent Lavaux. In-18 j. Chine	14	»
Darzens (Rodolphe)..	Les Nuits à Paris. In-18 raisin ill. par Willette, sur Hollande.......	7	»
	Epuisé.		
—	Le Théâtre libre ill. 1889-90 8 f^{les} Japon	3	»
	— 1890-91 —	2	»
—	Ukko-Till. in-18 j. sur Hollande.....	7	»
	— Japon.......	14	»
Daudet (Alphonse)...	Œuvres complètes. Grand in-8° cavalier. Edition Dentu-Charpentier, ornée de gravures à l'eau-forte. 8 premiers volumes parus :		

    I. Fromont jeune et Risler aîné. 1 vol.(Epuisé)
  II-III. Jack. — Robert Helmont. 2 vol.
   IV. Le petit Chose. 1 vol.
    V. Aventures de Tartarin de Tarascon. — Lettres de mon moulin. 1 vol.
   VI. Les Rois en exil. 1 vol.
  VII. Numa Roumestan. 1 vol.
 VIII. Le Nabab. 1 vol.

	Ouvrages de la série, l'exemplaire sur papier ordinaire...........	8	»
	sur Hollande.	16	»
	— Chine........	32	»
—	Aventures de Tartarin de Tarascon. 1 vol. in-8° carré ill. par Jeanniot.		
	L'exemplaire sur Hollande......	10	»
	— Japon........	20	»
—	L'Evangéliste (coll. E. Guillaume).		
	Japon	15	»
	Chine...	15	»
—	Robert Helmont. 1 vol. in-8° illustré par Montégut et G. Picard.		
	L'exemplaire sur Japon.........	20	»

Daudet (Alphonse)...	Le même in-18 (collection Guillaume).		
	L'exemplaire sur Japon.........	15	»
	— Chine.........	15	»
—	Port-Tarascon. (Edit. Guillaume.) In-8.		
	— Japon....	40	»
	— Chine....	40	»
Diguet (Charles).....	La Chasse au marais. In-18 j. Hollande.	7	»
Divers.............	Le nouveau Décaméron. 10 vol. ill. in-8° écu.		
	Chaque volume sur Hollande....	10	»
	— Japon......	20	»
Drumont (Edouard)..	La Dernière Bataille. In-18 j. Japon.	14	»
Drumont (Edouard)..	Le Testament d'un antisémite. in-18 j.		
	Hollande..................	7	»
	Japon..................	14	»
Dubut de **Laforest**..	Angéla Bonchaud, demoiselle de magasin. 1 v. in-18 j. Chine.........	14	»
	Japon...	7	»
—	Colette et Renée. In-18 j. Hollande.	7	»
	Japon....	14	»
—	Le Commis-Voyageur. 1 vol. in-18 j.		
	Vergé..................	7	»
	Japon...	14	»
—	Contes à Panurge. In-18 ill. Hollande.	7	»
	— Japon....	14	»
—	Contes pour les hommes. 1 vol. ill. in-18 j. Japon	14	»
—	Le Cocu imaginaire. In-18 j. illustré. Chine et Japon..................	14	»
—	Le Grappin. In-18 Hollande.........	7	»
	— Japon............	14	»
—	La Haute Bande. In-18 j. Chine.....	14	»
	— Japon.....	14	»
—	Petites Rastas. In-18 j. ill. Chine ...	14	»
	— Japon......	14	»
—	Morphine. In-18 illustré. Hollande..	7	»
	— Japon.....	14	»
Esparbès (G. d').....	Les yeux clairs. In-18 j. Vergé.....	7	»
	— Chine.....	14	»
Étincelle............	Mondanités. In-18 j. Chine..........	14	»
Eudel (Paul)........	Le Truquage. In-18 j. Hollande....	5	«
Flers (Marquis de)...	Vie anecdotique de Louis-Philippe. In-8° illustré. Hollande..........	20	»
	Wathmann..................	30	»
	Japon..................	40	»
Flourens...........	Alexandre III. In-8° ill. Vergé.......	20	»
	Japon......	40	»

Librairie DENTU, Paris

Fournier (Edouard)..	Histoire des Enseignes de Paris. Vol. in-8° ill. de nombreuses gravures et d'un plan.		
	L'exemplaire sur Hollande......	15	»
Felwoff (Simon).....	Lettres russes. Plaq. in-18 Hollande.	3	»
Geffroy (G.).........	La vie artistique (2° série, 3° série, 4° série). Chine...................	20	»
	Japon...................	20	»
Genouillac (Gourdon de)	Le dernier amour de Henri IV· 1 v. in-18 j. Chine..	10	»
Germont (Louis).....	Loges d'artistes. Vol. in-8° carré sur Japon...................	20	»
Ginisty (Paul).......	Le Moutardier du Pape. In-18 j. Chine...................	14	»
Gleize (Lucien)......	Chez les Jésuites. In-18.............	7	»
	Chine...................	14	»
—	La Dame de Comptoir. 1 v. in-18 j. Chine...................	14	»
	Hollande...	7	»
Goncourt (De).......	Sophie Arnould. In-18 teinté.......	15	»
Gonzagne-Privat. ..	Joie perdue. In-18. Hollande........	7	»
Gonzalès (Edmond)..	Les Caravanes de Scaramouche suivies de de Giangurgolo et de Maître Ragueneau. 1 vol. orné de quatre eaux-fortes.		
Gonzalès (Edmond)..	L'exemplaire sur Hollande......	7	»
	— Chine.........	14	»
—	Les Danseuses du Caucase. In-18 j. Hollande..........	5	»
Gosselin (Théodore)..	Histoire anecdotique des salons de peinture. In-18 j. Hollande........	3	»
Grosclaude..........	Les Gaietés de l'année. In-18 j. ill...	7	»
Granges de Surgères et É. Boucard.....	Les Françaises du xviii° siècle, avec portraits gravés. In-8° raisin. Japon.	150	»
Guillemot (Maurice).	Lettres d'un amant. In-18 j. Japon.	5	»
Hachet-Souplet.....	Louis-Napoléon à Ham. In-18. Chine.	14	»
Heilly (Georges d')..	Dictionnaire des pseudonymes. 1 fort vol. in-18 j. Hollande...........	10	»
	Japon...................	20	»
Hepp (Alexandre)....	Le lait d'une autre. In-18 j. Hollande.	7	»
	— Japon....	14	»
— ....:.	Minutes d'Orient. In-18 j. illustré. Hollande...................	7	»
Houssaye (Arsène)...	Les Confessions. 6 volumes in-8°. Le volume. Hollande.............	10	»
	Reste des exemp. V et VI. Japon.	20	»
—	Les Douze Nouvelles nouvelles. In-18 j. illustré. Hollande	5	»

Librairie DENTU, Paris

Houssaye (Arsène),..	Molière, sa femme et sa fille. 1 v. in-f° orné de gravures hors-texte, portraits et dessins gravés à l'eau forte, édition de grand luxe, exemplaires numérotés, papier Hollande (Reste quelques exemplaires.)	100	»
Janine	Pour la Patrie. In-18 j. Hollande....	7	»
Joël de Romano.....	Bas bleu et Talon rouge. Vergé.. ..	7	»
	— Chine.....	14	»
Jaubert.............	La Couleur des heures. In-18 j. Vergé.	7	»
Joliet (Ch.)..........	Les pseudonymes du jour. In-18		
	Japon.....	14	»
	Vergé.........................	5	»
Lacaze (Félix).......	A Lourdes avec Zola. In-18. Chine..	14	»
Lair (Joseph)........	Soldats d'autrefois. In-8° écu. Hollande.	10	»
Lano (P. de)	Après l'amour. In-18 j. ill. Japon...	14	»
—	Séductrice. In-18 j. Hollande.......	5	»»
Larrey (Baron H.)..	Madame Mère (Napoleonis Mater). 2 vol. in-8° illustrés. Hollande.....	30	»
Laurianne (Duchesse)..	Le bréviaire de la Femme élégante. In-18 Hollande..................	7	»
Lebrun (Général)....	Souvenirs militaires. In-8°. Hollande.	15	»·
Lemercier de **Neuville**..............	Médard Robinot, casquettier. In-16 ill. Japon..........................	14	»
Lemonnier (Camille)..	L'Arche. In-18 Hollande............	7	»
	— Chine................	14	»
—	La Fin des Bourgeois. In-18 j. Vergé.	7	»»
—	La Faute de Madame Charvet. In-18 j.		
	L'exemplaire sur Chine............	14	»
	— Japon............	14	»
—	Ironique amour. In-18 j. Chine......	14	»
Lesclide (Richard)...	La diligence de Lyon. Vol. in-18 rais. illustré.		
	L'exemplaire sur Hollande......	7	»»
	— Japon..........	14	»·
	— Chine.........	14	»
Lorrain (Jean)	Un Démoniaque. 1 v. in-18 Chine...	14	»
	— Hollande	7	»
Maël (Pierre)........	Flot et Jusant. In-18. Hollande.....	5	»
—	Le Torpilleur 29. In-18 ill. Japon...	14	»
Malot (Hector)......	Paulette. In-18 j. ill. Japon...... ..	14	»
—	Sans famille 2 vol. in-8° avec portrait de l'auteur. L'exemplaire sur Japon.	14	»
—	Sang bleu. In-18 j. illust. Japon...	14	»
—	Mondaine — — ...	14	»
—	Zyte — — ...	14	«
Marin (Paul)........	Français et Russes. In-18 j. Hollande.	7	»
Marx (Adrien).......	Sub Jove. In-18 j. Hollande........	5	»»
Masson (Frédéric)...	(Napoléon chez lui). L'Empereur aux Tuileries. In-8° illustré. Vergé....	15	»

Mendès (Catulle)....	Poésies. 7 plaq. in-18 Japon........	3	»
—	Le Nouveau Décaméron. 10 vol. in-8° écu ornés d'eaux-fortes. Hollande.	100	»
—	Luscignole. In-18 j. Vergé........	7	»
—	— Japon........	14	»
—	Méphistophéla. In-18 j. L'exemplàire. Hollande..........	7	50
	— Wathmann........	10	»
—	Contes épiques. In-18 j. Japon......	4	»
—	Hespérus. 1 plaq. — —	4	»
—	Intermède. — — —	4	»
—	Pantéleia. — — —	4	»
—	Philoméla. — — —	4	»
—	Soleil de minuit. — —	4	»
—	Soirs moroses. — —	4	»
—	Pour lire au bain. In-8°. Hollande..	20	»
Mendès et Lesclide.	Le Calendrier républicain. 12 fasc. Chaque fascicule sur teinté......	10	»
	— Japon......	25	»
Méneval (Baron F. de)..	Mémoires de Napoléon Ier. 3 vol. in-8° illustrés. Vergé...............	45	»
Mérouvel (Charles)..	Un Lys au ruisseau. In-18 j. Hollande.	7	»
—	La Vierge de la Madeleine. In-18 j. Hollande................	7	»
—	Pour un regard. In-18 j. Hollande..	5	»
—	— Chine.....	14	»
Méténier (Oscar)....	La Nymphomane. In-18 j. Vergé....	7	»
—	Barbe-Bleue. — —	7	»
—	— Japon....	14	»
—	Marcelle. — Chine....	14	»
—	Raphaéla. 1 v. in-18 j. Chine.......	14	»
Monod (Emile)......	L'Exposition Universelle de 1889. 3 vol. et album in-4° sur Japon...	250	»
Monselet (Charles)..	Poésies complètes. In-18 j. Hollande.	7	»
Montégut (Maurice)..	L'Envie. Vol. in-18 j. Japon.......	14	»
—	Contes de la Chandelle. 1 v. in-18 j. ill. Chine................	14	»
—	Les Six M. Dubois. in 18 ill. Japon.	14	»
—	Mme Tout-le-Monde. In-18 j. ill. Japon.	14	»
—	Le mur — —.	14	»
—	Mlle Personne. In-18 j. ill. Japon et Chine................	14	»
—	Le Bouchon de paille. In-18 j. Japon.	14	»
—	Déjeuners de soleil. — — ..	14	»
—	Don Juan à Lesbos. — — ..	14	»
Mortier (Arnold)....	Les Soirées parisiennes, 1876. In-18 j. sur Hollande................	5	»
Moynier (Louis).....	Lettres d'un chien errant. 1 vol. in-8° col. ill. de 53 dessins. L'ex. sur Japon...............	20	»

Ner (Henri)	L'Humeur inquiète. In-18 j. Chine et Japon........................	14	»
Noël (Edouard)......	Aventures véridiques et incroyables de Modeste Parambaz de Beaucaire. In-16 illustré. Japon.............	14	»
Nossoff (Serge)......	La Russie comique. In-16 ill. Japon.	14	»
Parodi (Alexandre) ..	Cris de la chair et de l'âme. In-18 j. Hollande........................	5	»
—	La Reine Juana. In-8° (pièce). Vergé.	7	»
—	Théâtre. 2 vol. in-18 j. — .	7	»
Peladan (Joséphin)..	L'Androgyne. In-18 j.		
—	Cœur en peine. In-18 j.		
—	La Victoire du mari. In-18 j. L'exemplaire sur Wathmann......	10	»
Pichon (Docteur)....	Folies passionnelles. In-18 j. L'exemplaire sur Hollande.......	7	»
—	— Japon...........	14	»
Pierrefeux (Guy de)..	Dans les couloirs du Vatican. In-18 j. L'exemplaire sur vergé..........	7	»
—	L'Episcopat sous le joug. In-18 j. Chine....................	14	»
Pokitonoff (Mme).....	Beauté par l'hygiène. Hollande......	7	»
—	Hygiène de la mère et de l'enfant. Hollande	7	»
Pont-Jest (René de).	La Duchesse Claude. In-18 j. L'exemplaire sur Hollande.......	7	»
—	— Japon...........	14	»
—	Le Fleuve des Perles. In-18 j. ill. Japon	14	»
—	Le Fils de Jacques. In-18 j. Vergé.	7	»
Quinton (Marie).....	Le journal de la Belle Meunière. 1 vol. in-18. Chine...........	14	»
	L'exemplaire sur Japon.........	14	»
Radiot (Paul)........	L'Elite. In-18 j. Vergé..........	7	»
—	Tripoli d'Occident. In-18 j. Hollande.	7	»
Rachel-Sapho.......	Fleurs de printemps. In-18. Chine..	14	»
Richebourg (Emile)..	Le Million du père Raclot. In-18 ill. Japon	14	»
Richepin (Jean).....	Miarka, la fille à l'ourse. In-8° avec 6 eaux-fortes et 16 dessins en couleur. Japon....................	20	»
Rieux (Des)........	Le Chant du paria. In-18. Hollande.	5	»
Robert (Louis de)...	Fragiles. In-18 illustré. Chine.....	14	»
Roguenant..........	Le Grand soir. In-18 j. Vergé......	7	»
—	— Chine.......	14	»
—	La Fourmilière. In-18 j. Chine.....	10	»
Rostoptchine	Œuvres inédites. Hollande..........	7	»
—	— Japon...........	14	»
Scholl (Aurélien).....	Fables de La Fontaine filtrées. 1 vol. in-8° illustré. Japon............	20	»

Librairie DENTU, Paris

La *Petite Collection Guillaume* justifie ainsi sa devise :

Si est lisvres que ne se peuvent ignorer,
Si tant plus ne peuvent ne se posséder.

Et elle la justifie *matériellement* par l'extrême bon marché de ses petits livres, commodes et luxueux, livres de chevet et de voyage autant que de bibliothèque.

OUVRAGES PARUS DANS LA COLLECTION NELUMBO

B. DE ST-PIERRE......	Paul et Virginie...............	1 vol.
GŒTHE..............	Werther...................	1 vol.
—	Hermann et Dorothée.........	1 vol.
NATESA SASTRI........	Le Porteur de Sachet (Roman hindou).....................	1 vol.
ALPHONSE DAUDET.....	L'Arlésienne.................	1 vol.
—	Numa Roumestan.............	1 vol.
—	Entre les Frises et la Rampe.	1 vol.
L'ABBÉ PRÉVOST.......	Manon Lescaut...............	1 vol.
EDGARD POÉ..........	Le Scarabée d'or.............	1 vol.
DE GONCOURT	Armande....................	1 vol.
BYRON	Le Corsaire.................	1 vol.
CHATEAUBRIAND.......	Atala......................	1 vol.
ROMAN CORÉEN........	Printemps parfumé...........	1 vol.
VOLTAIRE........	Candide....................	1 vol.
DA PORTA............	Juliette et Roméo...........	1 vol.
DIDEROT.............	La Religieuse...............	1 vol.
CERVANTES...........	La Jitanilla................	1 vol
LA FONTAINE.........	L'Amour et Psyché..........	1 vol
CAZOTTE.............	Le Diable amoureux..........	1 vol.
A. DE CHAMISSO.......	Pierre Schlémilh............	1 vol.
MOLIÈRE........	Œuvres complètes...........	12 vol.
VALMIKY.............	L'Exil de Rama (Épisode du Ramayana).	
TOLSTOÏ.............	Michaïl....................	1 vol.
—	La Mort d'Ivan Ilitich.......	1 vol.
STERNE.............	Voyage sentimental...	1 vol.
DICKENS............	Le Grillon du Foyer..........	1 vol.
W. RITTER...........	Sigurd	1 vol.
ROMAN ÉGYPTIEN.......	Tabubu....................	1 vol.
M. JOKAI............	Rêve et Vie................	1 vol.
SHAKESPEARE.........	Le Songe d'une nuit d'été....	1 vol.
PH.-E. FOUCAUX.......	Sakountala.................	1 vol.
CH. NODIER..........	Jean Shogar................	1 vol.
—	Séraphine..................	1 vol.
LA MOTTE-FOUQUÉ.....	Ondine....................	1 vol.
NODIER.............	Inès de lass Sieras..........	1 vol.
CONTES DE PERRAULT..	....	1 vol.

Librairie DENTU, Paris

COLLECTION EURYALE

In-8° Euryale illustré (0,09 × 0,15)

Dans cette série ne seront publiés que des ouvrages inédits des auteurs modernes.

Prix : Broché, chemise parcheminée scellée du cachet d'or
    Euryale.. 2 50
— Cartonné (cartonnage Euryale), motif en relief et en
    or sur le plat, tête de la Gorgone Euryale sculptée
    par Desbois, encadrement de fleurs d'Euryale, fer
    spécial dessiné par Mittis...................................... 3 30
— Demi-reliure, veau fauve à coins et filets, tête dorée,
    dos à nervures... 4 50
— Reliure pleine, veau grenat souple, tête dorée, dos
    sans nervures... 5 40

IL A ÉTÉ TIRÉ EN OUTRE :

15 exemplaires sur papier du Japon et 35 exemplaires sur papier
de Chine, à 12 francs, en partie souscrits.

Ouvrages parus dans la collection Euryale.

PAUL MARGUERITTE

L'AVRIL

JULES CLARETIE
de l'Académie française.

LA FRONTIÈRE

CATULLE MENDÈS

VERGER FLEURI

Librairie DENTU, Paris

COLLECTION « GUY-D'OR »

In-18 illustré (0,11 $\times$ 0,185)

Broché..	3 50
Cartonnage toile rouge, motif en or sur le plat............	4 50
1/2 reliure veau, à coins.................................	5 75

Exemplaires sur chine à 15 francs, brochés.

A. THEURIET

PATERNITÉ

COLLECTION « LE BAMBOU »

In-4° illustré (0,115 $\times$ 0,195)

Broché...	2 50
Elégant cartonnage toile, tête dorée......................	3 50
Volumes cartonnés, par deux fascicules...................	6 25

LE BAMBOU contient dans chacun de ses volumes 100 pages de texte et 60 dessins environ, le tout absolument inédit.

Les **12 volumes** parus .... 30 francs.

(Publication terminée.)

Librairie DENTU, Paris

GASTRONOMIE — CUISINE

—

F. VIDALEIN

La Cuisinière des familles, *ou* Traité de la Cuisine domestique enseignée par des préceptes à la portée de toutes les intelligences. 3e édition revue et augmentée. 1 fort volume in-8° cartonné à l'anglaise . . . . 5 »

BARON BRISSE

La Cuisine en Carême, avec obédience aux commandements de l'Église. 1 volume in-18. . . . . 1 »

La Petite Cuisine. Indication d'un petit menu bourgeois avec recettes pour chaque jour de l'année. 5e édition. 1 volume in-18 . . . . 3 »

Les Trois cent soixante-six menus avec 1,200 recettes, menus en gras et en maigre. 12e édition. 1 volume grand in-18 jésus . . . . 3 »
Le même ouvrage élégamment cartonné. 3 50

ÉDOUARD HÉLOUIS

Les Royal-Dîners. Guide du gourmet, contenant des menus pour chaque saison avec la manière de les préparer et des conseils sur le service de la table. 1 volume grand in-8°, orné de 24 planches en couleur . . . . 1 »

FLORIAN PHARAON

Le fusil sur l'épaule, cuisine de chasse. Recueil complet de menus et de recettes pour accommoder et servir le gibier. 1 volume in-18 . . . . 3 50

Librairie DENTU, Paris

AUGUSTE VINCENT

Chef de cuisine de Leurs Altesses le Prince et la Princesse de Hatzfeld.

La Cuisine du Ménage. 1 vol. in-18 cartonné. . . . . 1 »

La Bonne Cuisine Bourgeoise. 1 vol. grand in-18, illustré, cartonné 3 50

A. CORTHAY

Ex-Officier de bouche de Sa Majesté le roi d'Italie.

La Conserve Alimentaire. Traité pratique de fabrication. 1 vol. grand in-8°, illustré, broché. . . . . 20 »

La Leçon de Cuisine. Manuel pratique indiquant les 500 méthodes d'accommoder les conserves alimentaires comprenant les potages, hors-d'œuvre, poissons, viandes, volailles, gibiers, sauces, légumes et fruits, 1 vol. in-18 jésus, cartonné. 1 50

JEANNE SANS TERRE

Les Petits Plats pas cher, avec prix de revient. 1 vol. in-18 jésus, cartonné 0 90

Les Grands Plats pas cher, 1 vol. 18-jésus, cartonné. 0 90

BRILLAT-SAVARIN

Physiologie du goût. 1 vol. in-32, col. . . . . 1 »

Librairie DENTU, Paris